Classiques & Contemporains

DAUDET, GIONO, BROYART, TESSON, ASIMOV, BORDAGE, K. DICK

Sept nouvelles de la Terre

Présentation, notes, questions et après-texte établis par

STÉPHANE MALTÈRE
professeur de Lettres

MAGNARD

Sommaire

Textes

Après-texte

DES NOUVELLES DE LA TERRE…

Août 2021 : le rapport du GIEC est alarmant. La température sur la planète continue de grimper, les événements climatiques sont plus violents, les sécheresses se multiplient, le niveau de la mer augmente avec la fonte des glaciers… Provoqués par l'activité humaine, ces changements sont irréversibles, mais peuvent être corrigés.

Quelle est la place de l'homme dans l'univers ? Comment comprendre nos responsabilités en matière de dégradation de l'environnement, de biodiversité et de changement climatique ?

Que ce soit par la célébration de la beauté du monde, par les récits d'anticipation, les dystopies ou par des textes où les progrès et rêves scientifiques modifient la planète, la littérature exprime les interrogations, les angoisses et les espoirs de l'humanité.

Il est alors temps de donner quelques nouvelles de la Terre. Ce recueil réunit sept écrivains, d'hier et d'aujourd'hui, qui se sont penchés sur le problème de l'environnement et de l'écologie.

Alphonse Daudet (1840-1897), « Wood'stown », 1873
Le célèbre auteur des *Lettres de mon moulin*, attaché à la Provence et à la beauté de son terroir, publie « Wood'stown », un « conte fantastique », dans le quotidien régional *Le Bien public* le 27 mai 1873. L'histoire de cette ville construite sur les cendres d'une forêt paraît ensuite dans le recueil de nouvelles *Robert Helmont : études et paysages* (1874). Son message sonne comme un avertissement pour aujourd'hui…

Jean Giono (1895-1970), « L'homme qui plantait des arbres », 1954

Pacifiste et amoureux de la nature, qu'il célèbre dans la plupart de ses romans (*Colline,* 1929 ; *Regain,* 1930 ; *Le Chant du monde,* 1934) ou dans ses essais (*Les Vraies Richesses,* 1936), Jean Giono met souvent en avant la Provence et le monde paysan. En février 1953, il participe à un concours de nouvelles pour le magazine américain *Reader's Digest,* sur le thème « Le personnage le plus inoubliable que j'aie rencontré ». Il choisit Elzéard Bouffier, sorti de son imagination, le héros de « L'homme qui plantait des arbres ». Le magazine refuse finalement le texte en raison de l'inexistence réelle de Bouffier. C'est *Vogue* qui le publie pour la première fois le 15 mars 1954. Il ne paraît en France, dans la *Revue forestière française,* qu'en 1973, après avoir fait le tour du monde. C'est un chant d'espérance, qui montre que l'homme peut encore tout pour sauver sa planète.

Sylvain Tesson (né en 1972), « L'asphalte », 2009

Écrivain-voyageur, Sylvain Tesson est l'auteur de *La Panthère des neiges* (2019), *Dans les forêts de Sibérie* (2011) ou encore *Sur les chemins noirs* (2016). Sa vision du monde est poétique et philosophique. « L'asphalte » est tirée du recueil *Une vie à coucher dehors* (prix Goncourt de la nouvelle en 2009). Dans ce texte, l'homme avide de progrès, même le plus sommaire, provoque son destin.

Benoît Broyart (né en 1973), « Bas les masques », 2005

Auteur d'une soixantaine de livres pour la jeunesse, Benoît Broyart participe en 2005 à *Nouvelles vertes,* un recueil de textes écologiques, et imagine cette histoire de masque, qui résonne différemment depuis la pandémie de 2020…

Isaac Asimov (1920-1992), « 2430 », 1958

Auteur de près de cinq cents livres, Isaac Asimov, écrivain d'origine russe, naturalisé américain, se spécialise dans les récits de science-fiction, notamment autour du « Cycle des robots » ou du « Cycle de Fondation ». Dans « 2430 », Asimov révèle un monde dans lequel toute la place est laissée à l'Homme, toute autre vie ayant disparu… Toute ? C'est ce dont Bunting et Alvarez vont s'assurer auprès de Cranwitz, gardien de zoo.

Pierre Bordage (né en 1955), « Les duniers », 2020

Romancier de science-fiction prolifique, Pierre Bordage est l'auteur de plusieurs cycles romanesques (*Les Guerriers du silence*, *Abzalon*, *L'Enjomineur*). Dans « Les duniers », il donne à voir un monde où l'espace vital est un bien devenu si précieux qu'on fait la chasse aux réfugiés climatiques, les « volters ».

Philip K. Dick (1928-1982), « Planète pour hôtes de passage », 1953

Philip K. Dick est l'un des plus célèbres écrivains américains de science-fiction. Auteur de quarante-cinq romans et d'une centaine de nouvelles, il s'interroge sur l'univers, sur sa réalité et les manipulations qu'on lui fait subir. Romancier d'anticipation (*Le Maître du Haut Château*, son premier succès en 1962), on lui doit également *Ubik* (1969) et *Les androïdes rêvent-ils de moutons électriques ?*, adapté au cinéma sous le titre *Blade Runner* (1982) puis *Blade Runner 2049* (2017). Écrit en 1953, « Planète pour hôtes de passage » relate ce qu'est devenue la Terre des siècles après une catastrophe nucléaire déclenchée par les guerres humaines. L'homme y a-t-il encore sa place ?

Entrer dans la lecture

Quiz

À l'aide de la couverture et de la présentation pages 4 à 6, répondez aux questions suivantes.

1. Observez la couverture. Quels éléments orientent le lecteur sur le contenu ?

- ☐ le titre
- ☐ le papier
- ☐ l'illustration
- ☐ le texte en dehors du titre et des auteurs

2. À quel genre Alphonse Daudet a-t-il recours pour sa nouvelle « Wood'stown » ?

- ☐ la science-fiction
- ☐ le fantastique
- ☐ la poésie

3. Comment s'appelle le personnage de « L'homme qui plantait des arbres » de Jean Giono ?

- ☐ Reader's Digest
- ☐ Robert Helmont
- ☐ Elzéard Bouffier

4. Quels sont les trois principaux auteurs de science-fiction de ce recueil ?

- ☐ Asimov, Daudet, K. Dick
- ☐ Asimov, Giono, Bordage
- ☐ Asimov, Bordage, K. Dick

5. Quel prix a reçu en 2009 le recueil de Sylvain Tesson *Une vie à coucher dehors* ?

- ☐ le prix Renaudot de la nouvelle
- ☐ le prix Goncourt de la nouvelle
- ☐ le prix de la nouvelle écologique

6. Quels titres n'appartiennent pas à l'œuvre de Philip K. Dick ?

- ☐ *Abzalon*
- ☐ *Le Chant du monde*
- ☐ *Fondation*
- ☐ *Le Maître du Haut Château*
- ☐ *Ubik*
- ☐ *Les androïdes rêvent-ils de moutons électriques ?*

Citations

« Évidemment la forêt venait reconquérir sa place au bord du fleuve ; et ses arbres, abattus, dispersés, transformés, se déprisonnaient pour aller au-devant d'elle. Comment résister à l'invasion?

Alphonse Daudet, « Wood'stown »

Quand on se souvenait que tout était sorti des mains et de l'âme de cet homme – sans moyens techniques – on comprenait que les hommes pouvaient être aussi efficaces que Dieu dans d'autres domaines que la destruction. **Jean Giono, « L'homme qui plantait des arbres »**

Toute la planète est goudronnée. Sauf Tsalka. Nous sommes la risée du monde. [...] Il nous faut le goudron ! **Sylvain Tesson, « L'asphalte »**

Sachez que les choses se sont faites petit à petit. C'est pourquoi je reste persuadé qu'un tel désastre aurait pu être évité.

Benoît Broyart, « Bas les masques »

Cette année, nous avons atteint le but. Le taux des naissances correspond exactement au taux des décès [...]. Il n'y a que vous à vous dresser entre l'humanité et la perfection. **Isaac Asimov, « 2430 »**

Nous avons largement assez d'espace pour y loger une population quatre ou cinq fois supérieure à la nôtre. Mais nous avons perdu tout sens du partage, toute compassion. La peur, tu comprends ? La peur de l'autre, la peur du manque. **Pierre Bordage, « Les duniers »**

C'est *nous* qui avons amené la guerre. *Nous* qui avons changé la Terre. Car nous ne l'avons pas détruite – nous l'avons *changée*.

Philip K. Dick, « Planète pour hôtes de passage » »

À voix haute

Entrez dans la lecture en écoutant le début du texte.

DAUDET, GIONO, BROYART, TESSON,
ASIMOV, BORDAGE, K. DICK

Sept nouvelles de la Terre

Alphonse Daudet
WOOD'STOWN

L'emplacement était superbe pour bâtir une ville. Il n'y avait qu'à déblayer les bords du fleuve, en abattant une partie de la forêt, de l'immense forêt vierge enracinée là depuis la naissance du monde. Alors abritée tout autour par des collines boisées, la ville descendrait jusqu'aux quais d'un port magnifique, établi dans l'embouchure de la Rivière-Rouge, à quatre milles[1] seulement de la mer.

Dès que le gouvernement de Washington eut accordé la concession, charpentiers et bûcherons se mirent à l'œuvre ; mais vous n'avez jamais vu une forêt pareille. Cramponnée au sol de toutes ses lianes, de toutes ses racines, quand on l'abattait par un bout elle repoussait d'un autre, se rajeunissait de ses blessures ; et chaque coup de hache faisait sortir des bourgeons verts. Les rues, les places de la ville à peine tracées étaient envahies par la végétation. Les murailles grandissaient moins vite que les arbres et, sitôt élevées, croulaient sous l'effort des racines toujours vivantes.

Pour venir à bout de cette résistance où s'émoussait le fer des cognées[2] et des haches, on fut obligé de recourir au feu. Jour et nuit une fumée étouffante emplit l'épaisseur des fourrés, pendant que les grands arbres au-dessus flambaient comme des cierges. La forêt essaya de lutter encore, retardant l'incendie avec des flots de sève et la fraîcheur sans air de ses feuillages pressés. Enfin l'hiver arriva. La neige s'abattit comme une seconde mort sur les grands terrains pleins de troncs noircis, de racines consumées. Désormais on pouvait bâtir.

---

1. Environ six kilomètres.
2. Grosses haches.

Bientôt une ville immense, toute en bois comme Chicago, s'étendit aux bords de la Rivière-Rouge, avec ses larges rues alignées, numérotées, rayonnant autour des places, sa Bourse, ses halles, ses églises, ses écoles, et tout un attirail maritime de hangars, de douanes, de docks[1], d'entrepôts, de chantiers de construction pour les navires. La ville de bois, Wood'stown – comme on l'appela, – fut vite peuplée par les essuyeurs de plâtres[2] des villes neuves. Une activité fiévreuse circula dans tous ses quartiers ; mais sur les collines environnantes, dominant les rues pleines de foule et le port encombré de vaisseaux, une masse sombre et menaçante s'étalait en demi-cercle. C'était la forêt qui regardait.

Elle regardait cette ville insolente qui lui avait pris sa place au bord du fleuve, et trois milles[3] d'arbres gigantesques. Tout Wood'stown était fait avec sa vie à elle. Les hauts mâts qui se balançaient là-bas dans le port, ces toits innombrables abaissés l'un vers l'autre, jusqu'à la dernière cabane du faubourg le plus éloigné, elle avait tout fourni, même les instruments de travail, même les meubles, mesurant seulement ses services à la longueur de ses branches. Aussi quelle rancune terrible elle gardait contre cette ville de pillards !

Tant que l'hiver dura, on ne s'aperçut de rien. Les gens de Wood'stown entendaient parfois un craquement sourd dans leurs toitures, dans leurs meubles. De temps en temps, une muraille se fendait, un comptoir de magasin éclatait en deux bruyamment. Mais le bois neuf est sujet à ces accidents, et personne n'y attachait d'importance. Cependant, aux approches du printemps – un printemps subit, violent, si riche de sèves qu'on en sentait sous terre comme un bruissement de

1. Hangars.
2. Ceux qui aiment être les premiers à occuper un lieu.
3. Environ quatre kilomètres.

sources – le sol commença à s'agiter, soulevé par des forces invisibles et actives. Dans chaque maison, les meubles, les parois des murs se gonflèrent, et l'on vit sur les planchers de longues boursouflures comme au passage d'une taupe. Ni portes, ni fenêtres, rien ne marchait plus. « C'est l'humidité, disaient les habitants. Avec la chaleur, cela passera. »

Tout à coup, au lendemain d'un grand orage venu de la mer, qui apportait l'été dans ses éclairs brûlants et sa pluie tiède, la ville en se réveillant eut un cri de stupeur. Les toits rouges des monuments publics, les clochers des églises, le plancher des maisons et jusqu'au bois des lits, tout était saupoudré d'une teinte verte, mince comme une moisissure, légère comme une dentelle. De près, c'était une quantité de bourgeons microscopiques, où l'enroulement des feuilles se voyait déjà. Cette bizarrerie des pluies amusa sans inquiéter ; mais, avant le soir, des bouquets de verdure s'épanouissaient partout sur les meubles, sur les murailles. Les branches poussaient à vue d'œil ; légèrement retenues dans la main, on les sentait grandir et se débattre comme des ailes.

Le jour suivant, tous les appartements avaient l'air de serres[1]. Des lianes suivaient les rampes d'escalier. Dans les rues étroites, des branches se joignaient d'un toit à l'autre, mettant au-dessus de la ville bruyante l'ombre des avenues forestières. Cela devenait inquiétant. Pendant que les savants réunis délibéraient sur ce cas de végétation extraordinaire, la foule se pressait dehors pour voir les différents aspects du miracle. Les cris de surprise, la rumeur étonnée de tout ce peuple inactif donnaient de la solennité[2] à cet étrange événement. Soudain quelqu'un cria : « Regardez donc la forêt ! » et l'on s'aperçut avec terreur que depuis deux jours le demi-cercle verdoyant s'était beaucoup rapproché. La forêt

---

1. Constructions vitrées où l'on cultive les végétaux.
2. De l'importance.

avait l'air de descendre vers la ville. Toute une avant-garde[1] de ronces, de lianes s'allongeait jusqu'aux premières maisons des faubourgs.

Alors Wood'stown commença à comprendre et à avoir peur. Évidemment la forêt venait reconquérir sa place au bord du fleuve ; et ses arbres, abattus, dispersés, transformés, se déprisonnaient[2] pour aller au-devant d'elle. Comment résister à l'invasion ? Avec le feu, on risquait d'embraser la ville entière. Et que pouvaient les haches contre cette sève sans cesse renaissante, ces racines monstrueuses attaquant le sol en dessous, ces milliers de graines volantes qui germaient en se brisant et faisaient pousser un arbre partout où elles tombaient ?

Pourtant tout le monde se mit bravement à l'œuvre avec des faux, des herses[3], des cognées ; et l'on fit un immense abattis[4] de feuillages. Mais en vain. D'heure en heure la confusion des forêts vierges, où l'entrelacement des lianes joint entre elles des pousses gigantesques, envahissait les rues de Wood'stown. Déjà les insectes, les reptiles faisaient irruption. Il y avait des nids dans tous les coins, et de grands coups d'ailes, et des masses de petits becs jaseurs[5]. En une nuit les greniers de la ville furent épuisés par toutes les couvées écloses. Puis, comme une ironie au milieu de ce désastre, des papillons de toutes grandeurs, de toutes couleurs, volaient sur les grappes fleuries, et les abeilles prévoyantes qui cherchent des abris sûrs, au creux de ces arbres si vite poussés installaient leurs rayons de miel comme une preuve de durée.

Vaguement, dans la houle bruyante des feuillages, on entendait les coups sourds des cognées et des haches ; mais le quatrième jour tout

1. Partie d'une armée qui devance la troupe.
2. Se libéraient (néologisme).
3. Instruments agricoles à dents qui servent à briser les mottes de terre d'une terre labourée.
4. Tas servant d'obstacles.
5. Qui émettent des gazouillis.

travail fut reconnu impossible. L'herbe montait trop haute, trop épaisse. Des lianes grimpantes s'accrochaient aux bras des bûcherons, garrottaient[1] leurs mouvements. D'ailleurs les maisons étaient devenues inhabitables ; les meubles, chargés de feuilles, avaient perdu leurs formes. Les plafonds s'effondraient, percés par la lance des yuccas[2], la longue épine des acajous[3] ; et à la place des toitures s'étalait le dôme immense des catalpas[4]. C'était fini. Il fallait fuir.

À travers le réseau de plantes et de branches qui se resserraient de plus en plus, les gens de Wood'stown épouvantés se précipitèrent vers le fleuve, emportant le plus qu'ils pouvaient de richesses, d'objets précieux. Mais que de peine pour gagner le bord de l'eau ! Il n'y avait plus de quais. Rien que des roseaux gigantesques. Les chantiers maritimes, où s'abritaient les bois de construction, avaient fait place à des forêts de sapins ; et dans le port tout en fleurs, les navires neufs semblaient des îlots de verdure. Heureusement qu'il se trouvait là quelques frégates[5] blindées sur lesquelles la foule se réfugia et d'où elle put voir la vieille forêt joindre victorieusement la forêt nouvelle.

Peu à peu les arbres confondirent leurs cimes, et, sous le ciel bleu plein de soleil, l'énorme masse de feuillage s'étendit des bords du fleuve à l'horizon lointain. Plus trace de ville, ni de toits, ni de murs. De temps en temps un bruit sourd d'écroulement, dernier écho de la ruine, ou le coup de hache d'un bûcheron enragé, retentissait sous la profondeur du feuillage. Puis plus rien que le silence vibrant, bruissant, bourdonnant, des nuées de papillons blancs tournoyant sur la rivière déserte, et là-bas,

1. Liaient, attachaient.
2. Plantes à feuilles dures en forme d'épées.
3. Arbres pourtant sans épines.
4. Arbres à grandes feuilles.
5. Bateaux de guerre.

vers la haute mer, un navire qui s'enfuyait, trois grands arbres verts dressés au milieu de ses voiles, emportant les derniers émigrés de ce qui fut Wood'stown...

Jean Giono
L'HOMME QUI PLANTAIT DES ARBRES

Pour que le caractère d'un être humain dévoile des qualités vraiment exceptionnelles, il faut avoir la bonne fortune de pouvoir observer son action pendant de longues années. Si cette action est dépouillée de tout égoïsme, si l'idée qui la dirige est d'une générosité sans exemple, s'il est absolument certain qu'elle n'a cherché de récompense nulle part et qu'au surplus elle ait laissé sur le monde des marques visibles, on est alors, sans risque d'erreurs, devant un caractère inoubliable.

Il y a environ une quarantaine d'années, je faisais une longue course à pied[1], sur des hauteurs absolument inconnues des touristes, dans cette très vieille région des Alpes qui pénètre en Provence.

Cette région est délimitée au sud-est et au sud par le cours moyen de la Durance, entre Sisteron et Mirabeau ; au nord par le cours supérieur de la Drôme, depuis sa source jusqu'à Die ; à l'ouest par les plaines du Comtat Venaissin et les contreforts du mont Ventoux. Elle comprend toute la partie nord du département des Basses-Alpes, le sud de la Drôme et une petite enclave du Vaucluse.

C'était, au moment où j'entrepris ma longue promenade dans ces déserts, des landes[2] nues et monotones, vers 1 200 à 1 300 mètres d'altitude. Il n'y poussait que des lavandes sauvages.

Je traversais ce pays dans sa plus grande largeur et, après trois jours de marche, je me trouvais dans une désolation[3] sans exemple. Je campais

---

1. Randonnée.
2. Étendues de terre à végétation rare et basse.
3. Détresse.

à côté d'un squelette de village abandonné. Je n'avais plus d'eau depuis la veille et il me fallait en trouver. Ces maisons agglomérées, quoique en ruine, comme un vieux nid de guêpes, me firent penser qu'il avait dû y avoir là, dans le temps, une fontaine ou un puits. Il y avait bien une fontaine, mais sèche. Les cinq à six maisons, sans toiture, rongées de vent et de pluie, la petite chapelle au clocher écroulé, étaient rangées comme le sont les maisons et les chapelles dans les villages vivants, mais toute vie avait disparu.

C'était un beau jour de juin avec grand soleil, mais sur ces terres sans abri et hautes dans le ciel, le vent soufflait avec une brutalité insupportable. Ses grondements dans les carcasses des maisons étaient ceux d'un fauve dérangé dans son repas.

Il me fallut lever le camp. À cinq heures de marche de là, je n'avais toujours pas trouvé d'eau et rien ne pouvait me donner l'espoir d'en trouver. C'était partout la même sécheresse, les mêmes herbes ligneuses. Il me sembla apercevoir dans le lointain une petite silhouette noire, debout. Je la pris pour le tronc d'un arbre solitaire. À tout hasard, je me dirigeai vers elle. C'était un berger. Une trentaine de moutons couchés sur la terre brûlante se reposaient près de lui.

Il me fit boire à sa gourde et, un peu plus tard, il me conduisit à sa bergerie, dans une ondulation du plateau. Il tirait son eau – excellente – d'un trou naturel, très profond, au-dessus duquel il avait installé un treuil rudimentaire.

Cet homme parlait peu. C'est le fait des solitaires, mais on le sentait sûr de lui et confiant dans cette assurance. C'était insolite dans ce pays dépouillé de tout. Il n'habitait pas une cabane mais une vraie maison en pierre où l'on voyait très bien comment son travail personnel avait rapiécé la ruine qu'il avait trouvée là à son arrivée. Son toit était solide et étanche. Le vent qui le frappait faisait sur les tuiles le bruit de la mer sur les plages.

Son ménage était en ordre, sa vaisselle lavée, son parquet balayé, son fusil graissé ; sa soupe bouillait sur le feu. Je remarquai alors qu'il était aussi rasé de frais, que tous ses boutons étaient solidement cousus, que ses vêtements étaient reprisés avec le soin minutieux qui rend les reprises invisibles.

Il me fit partager sa soupe et, comme après je lui offrais ma blague à tabac[1], il me dit qu'il ne fumait pas. Son chien, silencieux comme lui, était bienveillant sans bassesse.

Il avait été entendu tout de suite que je passerais la nuit là ; le village le plus proche était encore à plus d'une journée et demie de marche. Et, au surplus, je connaissais parfaitement le caractère des rares villages de cette région. Il y en a quatre ou cinq dispersés loin les uns des autres sur les flancs de ces hauteurs, dans les taillis de chênes blancs à la toute extrémité des routes carrossables[2]. Ils sont habités par des bûcherons qui font du charbon de bois. Ce sont des endroits où l'on vit mal. Les familles serrées les unes contre les autres dans ce climat qui est d'une rudesse excessive, aussi bien l'été que l'hiver, exaspèrent leur égoïsme en vase clos. L'ambition irraisonnée s'y démesure[3], dans le désir continu de s'échapper de cet endroit.

Les hommes vont porter leur charbon à la ville avec leurs camions, puis retournent. Les plus solides qualités craquent sous cette perpétuelle douche écossaise[4]. Les femmes mijotent des rancœurs[5]. Il y a concur-

---

1. Sachet servant à transporter du tabac.
2. Où peuvent circuler des voitures.
3. S'y montre excessive.
4. Événements désagréables qui succèdent à d'autres agréables.
5. Ressentiments, rancunes.

rence sur tout, aussi bien pour la vente du charbon que pour le banc à l'église, pour les vertus[1] qui se combattent entre elles, pour les vices[2] qui se combattent entre eux et pour la mêlée générale des vices et des vertus, sans repos. Par là-dessus, le vent également sans repos irrite les nerfs. Il y a des épidémies de suicides et de nombreux cas de folies, presque toujours meurtrières.

Le berger qui ne fumait pas alla chercher un petit sac et déversa sur la table un tas de glands[3]. Il se mit à les examiner l'un après l'autre avec beaucoup d'attention, séparant les bons des mauvais. Je fumais ma pipe. Je me proposai pour l'aider. Il me dit que c'était son affaire. En effet : voyant le soin qu'il mettait à ce travail, je n'insistai pas. Ce fut toute notre conversation. Quand il eut du côté des bons un tas de glands assez gros, il les compta par paquets de dix. Ce faisant, il éliminait encore les petits fruits ou ceux qui étaient légèrement fendillés, car il les examinait de fort près. Quand il eut ainsi devant lui cent glands parfaits, il s'arrêta et nous allâmes nous coucher.

La société[4] de cet homme donnait la paix. Je lui demandai le lendemain la permission de me reposer tout le jour chez lui. Il le trouva tout naturel, ou, plus exactement, il me donna l'impression que rien ne pouvait le déranger. Ce repos ne m'était pas absolument obligatoire, mais j'étais intrigué et je voulais en savoir plus. Il fit sortir son troupeau et il le mena à la pâture. Avant de partir, il trempa dans un seau d'eau le petit sac où il avait mis les glands soigneusement choisis et comptés.

Je remarquai qu'en guise de bâton, il emportait une tringle de fer grosse comme le pouce et longue d'environ un mètre cinquante. Je fis

1. Forces morales par lesquelles l'être humain fait le bien.
2. Dispositions à faire le mal.
3. Fruits du chêne.
4. Compagnie.

celui qui se promène en se reposant et je suivis une route parallèle à la sienne. La pâture de ses bêtes était dans un fond de combe[1]. Il laissa le petit troupeau à la garde du chien et il monta vers l'endroit où je me tenais. J'eus peur qu'il vînt pour me reprocher mon indiscrétion mais pas du tout : c'était sa route et il m'invita à l'accompagner si je n'avais rien de mieux à faire. Il allait à deux cents mètres de là, sur la hauteur.

Arrivé à l'endroit où il désirait aller, il se mit à planter sa tringle de fer dans la terre. Il faisait ainsi un trou dans lequel il mettait un gland, puis il rebouchait le trou. Il plantait des chênes. Je lui demandai si la terre lui appartenait. Il me répondit que non. Savait-il à qui elle était ? Il ne savait pas. Il supposait que c'était une terre communale, ou peut-être était-elle propriété de gens qui ne s'en souciaient pas ? Lui ne se souciait pas de connaître les propriétaires. Il planta ainsi cent glands avec un soin extrême.

Après le repas de midi, il recommença à trier sa semence. Je mis, je crois, assez d'insistance dans mes questions puisqu'il y répondit. Depuis trois ans il plantait des arbres dans cette solitude. Il en avait planté cent mille. Sur les cent mille, vingt mille étaient sortis. Sur ces vingt mille, il comptait encore en perdre la moitié, du fait des rongeurs ou de tout ce qu'il y a d'impossible à prévoir dans les desseins[2] de la Providence[3]. Restaient dix mille chênes qui allaient pousser dans cet endroit où il n'y avait rien auparavant.

C'est à ce moment-là que je me souciai de l'âge de cet homme. Il avait visiblement plus de cinquante ans. Cinquante-cinq, me dit-il. Il s'appelait Elzéard Bouffier. Il avait possédé une ferme dans les plaines. Il y avait réalisé sa vie. Il avait perdu son fils unique, puis sa femme. Il

1. Vallée profonde.
2. Intentions.
3. Ordonnancement des événements, voulu par Dieu.

s'était retiré dans la solitude où il prenait plaisir à vivre lentement, avec ses brebis et son chien. Il avait jugé que ce pays mourait par manque d'arbres. Il ajouta que, n'ayant pas d'occupations très importantes, il avait résolu de remédier à cet état de choses.

Menant moi-même à ce moment-là, malgré mon jeune âge, une vie solitaire, je savais toucher avec délicatesse aux âmes des solitaires. Cependant, je commis une faute. Mon jeune âge, précisément, me forçait à imaginer l'avenir en fonction de moi-même et d'une certaine recherche du bonheur. Je lui dis que, dans trente ans, ces dix mille chênes seraient magnifiques. Il me répondit très simplement que, si Dieu lui prêtait vie, dans trente ans, il en aurait planté tellement d'autres que ces dix mille seraient comme une goutte d'eau dans la mer.

Il étudiait déjà, d'ailleurs, la reproduction des hêtres et il avait près de sa maison une pépinière issue des faînes[1]. Les sujets qu'il avait protégés de ses moutons par une barrière en grillage étaient de toute beauté. Il pensait également à des bouleaux pour les fonds où, me dit-il, une certaine humidité dormait à quelques mètres de la surface du sol.

Nous nous séparâmes le lendemain.

L'année d'après, il y eut la guerre de 14 dans laquelle je fus engagé pendant cinq ans. Un soldat d'infanterie[2] ne pouvait guère y réfléchir à des arbres. À dire vrai, la chose même n'avait pas marqué en moi : je l'avais considérée comme un dada[3], une collection de timbres, et oubliée.

Sorti de la guerre, je me trouvais à la tête d'une prime de démobilisation minuscule mais avec le grand désir de respirer un peu d'air pur. C'est sans idée préconçue – sauf celle-là – que je repris le chemin de ces contrées désertes.

---

1. Fruits du hêtre.
2. Soldat combattant à pied.
3. Une idée fixe.

Le pays n'avait pas changé. Toutefois, au-delà du village mort, j'aperçus dans le lointain une sorte de brouillard gris qui recouvrait les hauteurs comme un tapis. Depuis la veille, je m'étais remis à penser à ce berger planteur d'arbres. « Dix mille chênes, me disais-je, occupent vraiment un très large espace. »

J'avais vu mourir trop de monde pendant cinq ans pour ne pas imaginer facilement la mort d'Elzéard Bouffier, d'autant que, lorsqu'on en a vingt, on considère les hommes de cinquante comme des vieillards à qui il ne reste plus qu'à mourir. Il n'était pas mort. Il était même fort vert. Il avait changé de métier. Il ne possédait plus que quatre brebis mais, par contre, une centaine de ruches. Il s'était débarrassé des moutons qui mettaient en péril ses plantations d'arbres. Car, me dit-il (et je le constatais), il ne s'était pas du tout soucié de la guerre. Il avait imperturbablement continué à planter.

Les chênes de 1910 avaient alors dix ans et étaient plus hauts que moi et que lui. Le spectacle était impressionnant. J'étais littéralement privé de parole et, comme lui ne parlait pas, nous passâmes tout le jour en silence à nous promener dans sa forêt. Elle avait, en trois tronçons[1], onze kilomètres de long et trois kilomètres dans sa plus grande largeur. Quand on se souvenait que tout était sorti des mains et de l'âme de cet homme – sans moyens techniques – on comprenait que les hommes pourraient être aussi efficaces que Dieu dans d'autres domaines que la destruction.

Il avait suivi son idée, et les hêtres qui m'arrivaient aux épaules, répandus à perte de vue, en témoignaient. Les chênes étaient drus et avaient dépassé l'âge où ils étaient à la merci des rongeurs ; quant aux desseins de la Providence elle-même, pour détruire l'œuvre créée, il lui

1. Parties.

faudrait avoir désormais recours aux cyclones. Il me montra d'admirables bosquets de bouleaux qui dataient de cinq ans, c'est-à-dire de 1915, de l'époque où je combattais à Verdun. Il leur avait fait occuper tous les fonds où il soupçonnait, avec juste raison, qu'il y avait de l'humidité presque à fleur de terre. Ils étaient tendres comme des adolescents et très décidés.

La création avait l'air, d'ailleurs, de s'opérer en chaînes. Il ne s'en souciait pas ; il poursuivait obstinément sa tâche, très simple. Mais en redescendant par le village, je vis couler de l'eau dans des ruisseaux qui, de mémoire d'homme, avaient toujours été à sec. C'était la plus formidable opération de réaction qu'il m'ait été donné de voir. Ces ruisseaux secs avaient jadis porté de l'eau, dans des temps très anciens. Certains de ces villages tristes dont j'ai parlé au début de mon récit s'étaient construits sur les emplacements d'anciens villages gallo-romains[1] dont il restait encore des traces, dans lesquelles les archéologues avaient fouillé et ils avaient trouvé des hameçons à des endroits où au vingtième siècle, on était obligé d'avoir recours à des citernes pour avoir un peu d'eau.

Le vent aussi dispersait certaines graines. En même temps que l'eau réapparut, réapparaissaient les saules, les osiers, les prés, les jardins, les fleurs et une certaine raison de vivre.

Mais la transformation s'opérait si lentement qu'elle entrait dans l'habitude sans provoquer d'étonnement. Les chasseurs qui montaient dans les solitudes à la poursuite des lièvres ou des sangliers avaient bien constaté le foisonnement des petits arbres mais ils l'avaient mis sur le compte des malices naturelles de la terre. C'est pourquoi personne ne touchait à l'œuvre de cet homme. Si on l'avait soupçonné, on l'aurait contrarié. Il était insoupçonnable. Qui aurait pu imaginer, dans les vil-

1. Relatifs à la civilisation née du mélange entre Romains et Gaulois.

lages et dans les administrations, une telle obstination dans la générosité la plus magnifique ?

À partir de 1920, je ne suis jamais resté plus d'un an sans rendre visite à Elzéard Bouffier. Je ne l'ai jamais vu fléchir ni douter. Et pourtant, Dieu sait si Dieu même y pousse ! Je n'ai pas fait le compte de ses déboires[1]. On imagine bien cependant que, pour une réussite semblable, il a fallu vaincre l'adversité[2] ; que, pour assurer la victoire d'une telle passion, il a fallu lutter avec le désespoir. Il avait, pendant un an, planté plus de dix mille érables. Ils moururent tous. L'an d'après, il abandonna les érables pour reprendre les hêtres qui réussirent encore mieux que les chênes.

Pour avoir une idée à peu près exacte de ce caractère exceptionnel, il ne faut pas oublier qu'il s'exerçait dans une solitude totale ; si totale que, vers la fin de sa vie, il avait perdu l'habitude de parler. Ou, peut-être, n'en voyait-il pas la nécessité ?

En 1933, il reçut la visite d'un garde forestier éberlué[3]. Ce fonctionnaire lui intima l'ordre de ne pas faire de feu dehors, de peur de mettre en danger la croissance de cette forêt naturelle. C'était la première fois, lui dit cet homme naïf, qu'on voyait une forêt pousser toute seule. À cette époque, il allait planter des hêtres à douze kilomètres de sa maison. Pour s'éviter le trajet d'aller-retour – car il avait alors soixante-quinze ans – il envisageait de construire une cabane de pierre sur les lieux mêmes de ses plantations. Ce qu'il fit l'année d'après.

En 1935, une véritable délégation administrative vint examiner la « forêt naturelle ». Il y avait un grand personnage des Eaux et Forêts, un député, des techniciens. On prononça beaucoup de paroles inutiles. On

1. Déconvenues, événements contrariants et décevants.
2. Le malheur.
3. Étonné.

décida de faire quelque chose et, heureusement, on ne fit rien, sinon la seule chose utile : mettre la forêt sous la sauvegarde de l'État et interdire qu'on vienne y charbonner[1]. Car il était impossible de n'être pas subjugué[2] par la beauté de ces jeunes arbres en pleine santé. Et elle exerça son pouvoir de séduction sur le député lui-même.

J'avais un ami parmi les capitaines forestiers qui était de la délégation. Je lui expliquai le mystère. Un jour de la semaine d'après, nous allâmes tous les deux à la recherche d'Elzéard Bouffier. Nous le trouvâmes en plein travail, à vingt kilomètres de l'endroit où avait eu lieu l'inspection.

Ce capitaine forestier n'était pas mon ami pour rien. Il connaissait la valeur des choses. Il sut rester silencieux. J'offris les quelques œufs que j'avais apportés en présent[3]. Nous partageâmes notre casse-croûte en trois et quelques heures passèrent dans la contemplation muette du paysage.

Le côté d'où nous venions était couvert d'arbres de six à sept mètres de haut. Je me souvenais de l'aspect du pays en 1913 : le désert… Le travail paisible et régulier, l'air vif des hauteurs, la frugalité[4] et surtout la sérénité de l'âme avaient donné à ce vieillard une santé presque solennelle. C'était un athlète de Dieu. Je me demandais combien d'hectares il allait encore couvrir d'arbres.

Avant de partir, mon ami fit simplement une brève suggestion à propos de certaines essences auxquelles le terrain d'ici paraissait devoir convenir. Il n'insista pas. « Pour la bonne raison, me dit-il après, que ce bonhomme en sait plus que moi. » Au bout d'une heure de marche – l'idée ayant fait son chemin en lui – il ajouta : « Il en sait beaucoup plus que tout le monde. Il a trouvé un fameux moyen d'être heureux ! »

---

1. Transformer en charbon.
2. Séduit, conquis.
3. Cadeau.
4. Le fait de manger peu.

C'est grâce à ce capitaine que, non seulement la forêt, mais le bonheur de cet homme furent protégés. Il fit nommer trois gardes forestiers pour cette protection et il les terrorisa de telle façon qu'ils restèrent insensibles à tous les pots-de-vin que les bûcherons pouvaient proposer.

L'œuvre ne courut un risque grave que pendant la guerre de 1939. Les automobiles marchant alors au gazogène[1], on n'avait jamais assez de bois. On commença à faire des coupes dans les chênes de 1910, mais ces quartiers sont si loin de tous réseaux routiers que l'entreprise se révéla très mauvaise au point de vue financier. On l'abandonna. Le berger n'avait rien vu. Il était à trente kilomètres de là, continuant paisiblement sa besogne, ignorant la guerre de 39 comme il avait ignoré la guerre de 14.

J'ai vu Elzéard Bouffier pour la dernière fois en juin 1945. Il avait alors quatre-vingt-sept ans. J'avais donc repris la route du désert, mais maintenant, malgré le délabrement dans lequel la guerre avait laissé le pays, il y avait un car qui faisait le service entre la vallée de la Durance et la montagne. Je mis sur le compte de ce moyen de transport relativement rapide le fait que je ne reconnaissais plus les lieux de mes dernières promenades. Il me semblait aussi que l'itinéraire me faisait passer par des endroits nouveaux. J'eus besoin d'un nom de village pour conclure que j'étais bien cependant dans cette région jadis en ruine et désolée. Le car me débarqua à Vergons.

En 1913, ce hameau de dix à douze maisons avait trois habitants. Ils étaient sauvages, se détestaient, vivaient de chasse au piège : à peu près dans l'état physique et moral des hommes de la préhistoire. Les orties dévoraient autour d'eux les maisons abandonnées. Leur condition était sans espoir. Il ne s'agissait pour eux que d'attendre la mort : situation qui ne prédispose guère aux vertus.

---

1. Appareil produisant de l'énergie par combustion.

Tout était changé. L'air lui-même. Au lieu des bourrasques sèches et brutales qui m'accueillaient jadis, soufflait une brise souple chargée d'odeurs. Un bruit semblable à celui de l'eau venait des hauteurs : c'était celui du vent dans les forêts. Enfin, chose plus étonnante, j'entendis le vrai bruit de l'eau coulant dans un bassin. Je vis qu'on avait fait une fontaine, qu'elle était abondante et, ce qui me toucha le plus, on avait planté près d'elle un tilleul qui pouvait déjà avoir dans les quatre ans, déjà gras, symbole incontestable d'une résurrection.

Par ailleurs, Vergons portait les traces d'un travail pour l'entreprise duquel l'espoir était nécessaire. L'espoir était donc revenu. On avait déblayé les ruines, abattu les pans[1] de murs délabrés et reconstruit cinq maisons. Le hameau comptait désormais vingt-huit habitants dont quatre jeunes ménages. Les maisons neuves, crépies de frais, étaient entourées de jardins potagers où poussaient, mélangés mais alignés, les légumes et les fleurs, les choux et les rosiers, les poireaux et les gueules-de-loup[2], les céleris et les anémones. C'était désormais un endroit où l'on avait envie d'habiter.

À partir de là, je fis mon chemin à pied. La guerre dont nous sortions à peine n'avait pas permis l'épanouissement complet de la vie, mais Lazare[3] était hors du tombeau. Sur les flancs abaissés de la montagne, je voyais de petits champs d'orge et de seigle en herbe ; au fond des étroites vallées, quelques prairies verdissaient.

Il n'a fallu que les huit ans qui nous séparent de cette époque pour que tout le pays resplendisse de santé et d'aisance. Sur l'emplacement des ruines que j'avais vues en 1913, s'élèvent maintenant des fermes

1. Parties.
2. Plantes à fleurs.
3. Personnage de l'entourage de Jésus, dans le Nouveau Testament, mort quatre jours avant de ressusciter sur ordre du Christ.

propres, bien crépies, qui dénotent[1] une vie heureuse et confortable. Les vieilles sources, alimentées par les pluies et les neiges que retiennent les forêts, se sont remises à couler. On en a canalisé les eaux. À côté de chaque ferme, dans des bosquets d'érables, les bassins des fontaines débordent sur des tapis de menthes fraîches. Les villages se sont reconstruits peu à peu. Une population venue des plaines où la terre se vend cher s'est fixée dans le pays, y apportant de la jeunesse, du mouvement, de l'esprit d'aventure. On rencontre dans les chemins des hommes et des femmes bien nourris, des garçons et des filles qui savent rire et ont repris goût aux fêtes campagnardes. Si on compte l'ancienne population, méconnaissable depuis qu'elle vit avec douceur et les nouveaux venus, plus de dix mille personnes doivent leur bonheur à Elzéard Bouffier.

Quand je réfléchis qu'un homme seul, réduit à ses simples ressources physiques et morales, a suffi pour faire surgir du désert ce pays de Canaan[2], je trouve que, malgré tout, la condition humaine est admirable. Mais, quand je fais le compte de tout ce qu'il a fallu de constance dans la grandeur d'âme et d'acharnement dans la générosité pour obtenir ce résultat, je suis pris d'un immense respect pour ce vieux paysan sans culture qui a su mener à bien cette œuvre digne de Dieu.

Elzéard Bouffier est mort paisiblement en 1947 à l'hospice de Banon.

1. Indiquent.
2. Dans la Bible, région de terres fertiles.

Sylvain Tesson
L'ASPHALTE

I

– Salaud !

On entendait tinter les bouteilles longtemps avant d'apercevoir le livreur. Chaque soir, la scène était la même : Édolfius se rangeait pour laisser passer le camion et se protégeait le nez avec son foulard, mais la poussière lui fourrageait les muqueuses et lui laissait un goût d'emplâtre dans la bouche. Il toussait, crachait, s'étranglait. Un petit filet de bave brunie lui coulait dans la barbe. Alors il insultait le livreur, la piste, sa vie. On ne pèse pas grand-chose sur cette terre lorsqu'on en est réduit à gueuler contre la poussière.

Il fallait trente minutes à Édolfius pour rentrer des champs jusque chez lui. Il habitait une maison de bois dans le centre du village. L'été, il faisait la route la faux sur l'épaule, l'hiver avec la bêche. Il marchait doucement. Son cœur nécrosé[1] par le tabac et l'eau-de-vie de prune ne battait pas assez fort pour les longues foulées. Il avait cinquante ans et le corps en ruine. Le village de Tsalka était construit au bord d'un lac à l'abri des ondulations de collines. Sol volcanique, alpages[2] bien verts. Les éboulis de lave au sommet des crêtes s'épandaient[3] dans le pli des versants. Les prairies avaient recouvert les coulées.

L'été, les fleurs s'ouvraient, appétissantes. Les moutons sentaient qu'ils ne pourraient pas avaler la montagne et devenaient fébriles. Ils

1. Abîmé, en dégénérescence.
2. Pâturages de haute montagne.
3. S'étalaient, s'étendaient.

mastiquaient furieusement. Les pentes se peuplaient de faucheurs. Les bergeronnettes[1] gobaient les insectes à chaque coup de faux. Les fenaisons[2] duraient un mois. Les types aiguisaient leurs lames. Les pierres crissaient sur le métal. Les femmes apportaient des cruchons à col étroit remplis de vin de Khakétie[3]. Pas un Géorgien n'aurait avoué qu'il s'agissait d'un immonde verjus[4]. Le soir, le foin s'entassait sur les carrioles ; chaque famille rapportait sa moisson à la ferme. Édolfius n'avait pas de carriole, il s'employait dans le champ des autres. À la fin de la journée, il rentrait à pied, seul.

Le soleil dorait les thalwegs[5]. Naguère, quand l'URSS existait encore, Édolfius était allé avec les *komsomols*[6] au musée de l'Ermitage à Leningrad[7]. Il avait vu les scènes champêtres des maîtres hollandais. Les toiles baignaient dans la même lumière qu'ici. Mais les villages, là-bas, paraissaient mieux tenus.

Le camion revenait, traînant le voile rouge du crépuscule. Édolfius disparut dans le nuage et jura de nouveau. Les choses ne pouvaient plus durer, il fallait parler à Youri. La route qui traversait Tsalka menait à la ville de Batoumi, par le village d'Oliangi. Il fallait supporter six heures de cahots pour venir à bout des cent kilomètres qui séparaient de la mer. Les premiers lacets[8] conduisaient à la forêt, l'air devenait humide, la route serpentait trente fois puis c'était Oliangi : quelques maisons de pierres noires levées par les Arméniens au temps des carnages turcs. La piste

1. Oiseaux.
2. Coupes et récoltes des foins.
3. Région de Géorgie.
4. Jus de raisin non fermenté.
5. Lignes de paysage formées par le lit d'une rivière.
6. Membres des jeunesses communistes.
7. Ancien nom de Saint-Pétersbourg.
8. Virages de la route.

descendait ensuite le long de la rivière en passant des ponts : trois heures agréables. On s'arrêtait pour pêcher, on grillait les poissons sur le feu. Du temps des Rouges[1], la Géorgie était considérée comme un paradis.

Édolfius réfléchissait. Il se demandait au nom de quoi Tsalka, son village, n'avait pour desserte[2] qu'une piste de cailloux. Pourtant, l'asphalte gagnait le reste du monde. Même en Afrique les villes tiraient leurs langues noires à travers la brousse. Toute l'humanité jusqu'au dernier des nègres[3] foulait le goudron. La modernité s'épanchait[4] dans les campagnes planétaires mais Tsalka, place forte des irréductibles ratés de Géorgie, n'avait pas le droit d'entrer dans la danse ! Ici, on devait continuer à cracher ses poumons dans la poussière et à patauger dans les fondrières.

Édolfius devenait mauvais. La Géorgie était une vieille catin[5] affalée au piémont[6] du Caucase. Elle s'était livrée à tous. Les Turcs, les Russes, même les Grecs étaient venus ici, s'infiltrant par d'étroits défilés.

Pourtant il y avait eu des heures de gloire. Jadis, le Turc avait mangé dans la main géorgienne. D'imprenables forteresses chrétiennes avaient couronné les pitons de l'Anatolie et la croix de Nino[7] avait flotté jusque sur le rivage méditerranéen. Aujourd'hui le pays ne pesait plus rien. Dans les journaux, ils appelaient cela *le déclin des nations*.

Il s'arrêta devant une fourmilière. Il le connaissait bien, ce monticule. C'était comme une borne à la moitié du chemin. Il sortit de sa poche une flasque[8] et but une gorgée. La bonne coulée lui flamba la trachée. Il lampa une autre rasade. Cette fois il sentit l'âcreté du *bratsh*[9]. De la main droite, il tapota légèrement le monticule. Les fourmis s'affolèrent. Quelques-

1. Désignation des communistes.
2. Voie de communication.
3. Appellation raciste et datée des Noirs (ce sont les pensées d'Édolfius).
5. Se répandait.
5. Prostituée.
6. Au pied.
7. Symbole de l'Église orthodoxe de Géorgie.
8. Petite bouteille plate.
9. Alcool.

unes grimpèrent sur sa main, et lui pincèrent la peau. Il les épousseta. Les insectes avaient aspergé sa paume d'acide formique. Il s'envoya le liquide dans la narine droite. Le principe ammoniaqué lui déchira le sinus et il contempla, les paupières mi-closes, les colonnes de fantassins couler de la montagne en vie. Il venait de s'octroyer le *shoot* du prolétaire.

– Mêmes ces saloperies d'insectes circulent mieux que nous !

Il flanqua un coup de pied dans la fourmilière. La petite Babel explosa.

Youri Asphaltashvilli présidait la réunion du conseil de la municipalité dans la salle de la mairie. On était en train de débattre du sort de la statue de Staline[1] qui trônait dans un champ de luzerne[2]. Dans le village, des voix s'étaient élevées pour qu'on l'abatte. Non pas tellement qu'on tînt à solder les comptes du communisme, mais parce que le zinc[3] valait cher au port de Batoumi. Les membres du conseil écoutaient l'adjoint lire les cours des matières premières, parus dans le journal de la veille quand Édolfius entra.

– Silence, bande de ratés ! Il faut que cela cesse !

Édolfius avait violemment poussé la porte et le panneau avait claqué contre le mur. La secrétaire du maire réprima un petit cri.

– Si tu veux dire quelque chose, Édolfius, tu prends rendez-vous avec Anastasia Pétrovna et on t'entendra lors du prochain conseil.

– Ça ne marche plus comme ça, Youri. Toute la planète est goudronnée. Sauf Tsalka. Nous sommes la risée du monde.

– Édolfius, nous travaillons. Nous n'avons pas de temps pour les ivrognes. Fiche le camp !

1. Dictateur russe (1878-1953), d'origine géorgienne.
2. Herbe.
3. Métal.

– Il nous faut le goudron ! Nous vivons en prison dans ces montagnes !

Le vétérinaire, membre du conseil municipal, avait été champion de lutte à Tbilissi. Il éjecta Édolfius dans la rue. Le faucheur perdit l'équilibre, tomba dans la boue. Deux jars[1] lui mordirent les mollets. Les édiles[2] refermèrent la porte, on reprit la séance.

II

– Cent grammes, dit Édolfius à Tamara.

Assis dans le coin, il tenait son verre de vodka à deux mains. Le café avait été ouvert en 1950. Il faisait alors office de *club de la culture* pour les ouvriers de la centrale hydroélectrique. La salle était spacieuse : on y dansait. Après la chute de l'URSS, on n'avait pas retiré le portrait de Lénine[3]. Édolfius le fixait. À cause de l'éclairage blafard, Vladimir Illitch Oulianov avait mauvais teint. Les ombres accentuaient ses traits asiates. Il avait l'air d'un bâtard turco-mongol. Dire que lui, Édolfius, avait lu sans débander[4] les œuvres complètes du chef dans une édition russe en dix-huit tomes. Il aurait bien voulu parler à Tamara. C'était une gentille serveuse. Mais la chaîne hi-fi[5] encastrée dans le mur à bouteilles crachait de la pop russe. Les Tatu[6] chantaient : deux lolitas[7] à sourcils percés. Le volume de la musique empêchait toute communication. Aux tables voisines, on buvait sans un mot. Il fit signe à Tamara d'éteindre.

1. Mâles de l'oie.
2. Élus.
3. Homme politique russe (1870-1924), fondateur de l'Union soviétique.
4. Sans interruption ; d'une traite.
5. Appareil pour écouter la radio et de la musique sur CD et cassette.
6. Duo russe de musique des années 1990.
7. Très jeunes filles.

– Qu'est-ce que tu veux ? dit-elle.

– Je veux de l'asphalte !

Il s'adressa à la table voisine :

– Vous n'êtes pas fatigués de cahoter sur la rocaille ?

– Tais-toi, Édolfius, dit Tamara, n'embête pas les gens.

– Regardez-vous ! Vous êtes déjà morts ! Le monde entier roule sur du velours et nous, à Tsalka, on est infoutus[1] de faire monter une goudronneuse !

Il jeta la monnaie sur la table et quitta le bar. Quand il eut passé la porte, Tamara remit la radio à fond. Du bar à la maison, il y avait cinq cents mètres. Édolfius entendit longtemps la musique. À présent, c'était ce taré de Fiodor, star du hip-hop sibérien, qui chantait des trucs de dégénéré : « Alcool le matin, liberté pour la journée… » Ses propres filles adoraient Fiodor.

La fuite d'une canalisation avait fait de la rue un bourbier[2]. Il s'englua dans les flaques, réveilla un cochon derrière la palissade d'une maison. Des chiens aboyèrent. Une Volga[3] blanche passa – pleins phares. La boue gicla sur sa chemise. Il reconnut la voiture de Piotr, le boucher. L'année dernière, elle s'était embourbée en plein village. Il avait fallu faire venir un tracteur d'Oliangi pour l'extraire du merdier.

– Tu rentres à l'heure des Russes et tu pues.

Édolfius ne répondit pas à sa femme. Tatiana et Oxanna se disputaient une console de jeu vidéo. Il aurait bien voulu un baiser. Il les appela, mais il n'avait aucune chance contre les écouteurs. Les jumelles d'Édolfius avaient dix-huit ans et rien à lui dire. Elles rêvaient de la ville,

1. Incapables.
2. Lieu boueux.
3. Voiture du constructeur russe GAZ.

se traînaient dans les journées. La télé leur avait apporté la connaissance du monde. Elles vivaient greffées à l'écran. Elles n'aimaient pas l'odeur des champs, redoutaient l'obscurité des bois, ne savaient pas traire les vaches. Le seul moyen de les arracher à l'abrutissement était de leur donner la possibilité de gagner la ville. Édolfius ferait venir le goudron jusqu'ici pour elles. L'asphalte les sauverait.

Tous les adolescents du village vivaient dans l'obsession de Batoumi, l'inaccessible étoile. Là-bas dans les guinguettes, on faisait rôtir des chachliks devant la baie illuminée où croisaient des tankers pleins de naphte azérie[1] à destination du Bosphore. Les boîtes de nuit grouillaient jusqu'à six heures du matin de gens impatients de baiser. À la moindre occasion, les jeunes de Tsalka montaient dans le bus. Ils encaissaient les cahots et, au bout de six heures, c'était la ville, la nouvelle vie. Alors, ils rêvaient de s'installer et de ne plus jamais remonter. Pour renverser la tendance, il fallait rabouter[2] Tsalka à son siècle.

Jusqu'à l'automne, Édolfius se démena. Le soir, après les travaux des champs, il organisa des réunions à l'école communale. L'instituteur Prentice fut un allié de la première heure. Lui aussi savait que les pistes de poussière sont à sens unique : les enfants les dévalent et ne reviennent pas. Pour les humains, les transhumances[3] sont sans retour.

Au début, les paysans boudèrent l'initiative. On crut qu'Édolfius et Prentice visaient un siège au conseil, qu'ils se lançaient dans la brigue[4]. On ne voulait pas de changement. Le maire était corrompu, son successeur le serait peut-être davantage. Tsalka avait survécu parce que rien n'avait jamais évolué. Ici, on se méfiait des agita-

1. Où naviguaient les bateaux-citernes remplis de pétrole d'Azerbaïdjan.
2. Rattacher, relier.
3. Migrations.
4. Manœuvre pour obtenir quelque chose.

teurs. Lorsque la dissidente[1] politique Anna Pougatchavilli avait été assassinée sur le seuil de son appartement, on avait murmuré qu'elle l'avait cherché. Dans le voisinage, les choses étaient semblablement endormies à l'ombre des volcans. Il y avait des petits villages à moins de trois kilomètres que se partageaient trois communautés : les Grecs, les Arméniens et les Azéris. Ils étaient reliés les uns aux autres par des routes pavées de galets ronds. Enfer pour les autos, cauchemar pour les cyclistes. Les Arméniens haïssaient les Azéris, qui haïssaient les Grecs. La haine tenait tout le monde dans l'obligation de vivre tranquille. Sinon c'était la mort.

Ardémisse, patronne du magasin n° 2 – le seul commerce subsistant à Tsalka depuis la faillite des magasins n° 1 et n° 3 –, réussit à toucher les villageois au seul endroit sensible chez les velléitaires[2] : l'amour-propre. Elle se présenta un soir à l'école. La salle de réunion était presque vide. Elle déclara tout de go[3] son soutien au bitume. Elle avait toujours déploré que le camion livreur ne vînt pas plus souvent la ravitailler. Le grossiste de Batoumi à qui elle passait ses commandes rechignait à envoyer ses commis sur la piste de Tsalka. Il ne voulait pas bousiller les châssis de ses camions pour approvisionner les stocks de « bouseux de montagne ». Le commis avait confié à Ardémisse qu'en ville on les appelait comme ça. Elle répéta ces mots à Édolfius, qui sauta sur l'insulte pour rallier des ouailles[4]. L'instituteur aida à rédiger un placard. Les deux hommes passèrent une nuit entière à en clouer cent cinquante sur les palissades du village. Le tract s'adressait « À CEUX QUI NE VEULENT PAS RESTER DES BOUSEUX ». Suivaient une vingtaine de lignes lyriques

1. Rebelle, résistante.
2. Hésitants.
3. Directement.
4. Fidèles, partisans.

exhortant[1] les habitants du village à noyer dans le goudron l'injure de « ceux du bas ». L'appel sommait les citoyens de Tsalka de se joindre aux réunions. Il fallait peser sur le gouverneur de la région.

L'affront piqua les gens. Le tract eut un effet électrique. Le lendemain soir, il y eut affluence à l'école. Chacun s'appropria le souhait de goudronner la route. Chacun avança une justification personnelle.

L'infirmière parla la première :

– Le bourbier qui recouvre la rue principale au printemps est un cloaque.

Les jumelles d'Édolfius furent magistrales. Elles énumérèrent les perspectives qu'ouvrirait le raccordement à la ville.

– Tsalka échappe à son destin en restant isolée, dit Tatiana.

Des deux, Oxanna fit la plus belle impression. Elle venait d'écouter un débat télévisé et n'eut qu'à répéter les paroles d'un député d'Abkhazie qui noyait le poisson devant les caméras.

– Il est temps d'accorder le pouls de nos campagnes aux battements de la mondialisation. Les générations futures nous béniront d'avoir rétréci le pays.

– Tsalka ne peut échapper à la marche du siècle, renchérit Édolfius.

Seules les voix de Simeon, le plus riche éleveur du village, et d'Hilarion, le pope aux boucles noires, discordèrent.

– Nous disposons d'une chance unique. La situation de Tsalka nous préserve des agressions extérieures. Goudronnez, et la chienlit[2] rampera jusqu'à nous !

– Il a raison, dit Hilarion. La piste est notre rempart !

On les hua.

---

1. Encourageant.
2. Désordre, pagaille.

Édolfius et Prentice rédigèrent une supplique[1] au nom des villageois. Lorsque le maire se rendit compte qu'il ne se tramait aucune manœuvre contre lui, il rejoignit le mouvement. Puisque l'unanimité régnait, il ne s'opposait pas au goudronnage. Le dimanche suivant, le texte était prêt. Édolfius le lut à haute voix.

C'était l'appel au secours, pudique, émouvant et légèrement ridicule, d'un petit village qui ne voulait pas disparaître. Comme l'homme tombé en mer, les habitants de Tsalka agitaient la main pour que l'équipage ne les abandonne pas. Édolfius avait filé la métaphore du sauvetage jusqu'à comparer la route de goudron à « la corde qu'on jette au noyé ». Le texte précisait que le village était d'une beauté profonde, adossé à un amphithéâtre glaciaire, planté d'une vieille église à toit octogonal, et qu'il y aurait matière à faire grimper les touristes jusque-là. Le gouverneur à qui l'on s'adressait s'adonnait à l'économie de marché. Les dernières lignes lui laissaient entrevoir la possibilité de développer l'industrie du ski. Les sports d'hiver balbutiaient[2] en Géorgie. Des Azéris enrichis dans l'industrie pétrolière et des Turcs aux doigts poilus, commerçants de Trébizonde et notables d'Erzurum, venaient parfois chercher neige et chair fraîches dans les montagnes du Caucase. Il serait simple de faire de Tsalka une station d'altitude. Les forêts de sapins offraient du bois pour les chalets, et le village regorgeait de matrones[3] capables de farcir les choux pour revigorer les skieurs. Mais ces perspectives réclamaient l'asphalte. Le maire signa l'appel et apposa le cachet de la municipalité. La requête était devenue officielle. On convint qu'Édolfius la porterait lui-même, le surlendemain, par l'autobus qui assurait la liaison avec la ville.

1. Demande.
2. Fonctionnaient à peine.
3. Femmes d'âge mûr.

L'asphalte

Les travaux commencèrent au mois de juin. La demande des habitants de Tsalka, déposée au secrétariat du gouverneur de Batoumi, avait été considérée avec beaucoup de sérieux par l'administration. Le document était arrivé sur le bureau du gouverneur après avoir gravi divers étages, et atterri sur des tables d'où certains papiers ne redécollaient jamais.

Cette année-là, le gouvernement ne se préoccupait pas davantage qu'avant du bitumage des routes du pays, mais l'État venait de signer avec une compagnie pétrolière américaine un contrat autorisant le passage d'un pipeline[1] à travers le territoire national. Les termes de l'accord engageaient les pétroliers à remédier au manque d'infrastructures sur le tracé de l'oléoduc. L'asphaltage de la route de Tsalka fut ainsi intégré au vaste programme de réfection de la voirie géorgienne. Pour la première fois de sa vie, Édolfius s'était trouvé au bon endroit, au moment propice.

Les ingénieurs nivelèrent l'ancienne piste. Le rabot des machines lissa une rampe de terre. Les ouvriers coulèrent un socle de graves[2] bitumeuses et de débris de roche en guise de soubassement. Commença le lent feuilletage des couches destinées à la stabilisation de la chaussée. Édolfius s'intéressa à l'ouvrage, s'impatronisa[3] dans le roulement des équipes, se lia avec les contremaîtres. Par amitié, on lui confia une menue tâche dont il s'acquitta avec un sérieux de planton[4]. Il devait réguler la circulation sur la demi-bande de piste que le chef de chantier laissait ouverte aux véhicules. Il était muni d'un gilet réfléchissant, d'un casque et d'un panonceau de bois frappé des quatre lettres « STOP ». Il

1. Canalisation pour transporter les carburants ou le gaz naturel, oléoduc.
2. Graviers.
3. Fit comme chez lui, se comporta en patron.
4. Employé d'un rang inférieur.

s'écoulait parfois trois jours sans qu'aucune voiture passe. Édolfius restait debout, stoïque, scrutant l'horizon, empli de sa mission. Lorsqu'un véhicule approchait, il brandissait le panneau d'un geste autoritaire et gueulait « Stop » en faisant rempart de son corps. Le conducteur ouvrait la fenêtre, goguenard :

– Et le goudron alors, mon vieux ?

– Il arrive !

Et le goudron arriva.

Une fois ajoutée la chaux à la couche de forme, on versa le béton bitumeux et l'asphalte. La coulée partit de Batoumi et monta vers Tsalka. Elle conquit les kilomètres un à un. Le rouleau compresseur aplanissait la nappe et Édolfius pensa à ce pâtissier juif de Tbilissi qui lissait la crème de ses strudels[1] avec un couteau à large lame. Édolfius trouva superbe cette glaçure noire qui fumait dans la froidure. L'odeur du goudron brûlant macéré dans les seaux de bois le galvanisait[2]. Le fumet[3] du progrès avait un goût de chair brûlée.

Le camp des ouvriers était établi au piémont du massif, juste au commencement de la serpentine[4]. Dans les baraques en tôles chauffées par des poêles à bois et éclairées par des groupes électrogènes, il régnait chaque soir une atmosphère joyeuse. On partageait le *kachapouri*[5], le vin rouge et les souvenirs des années soviétiques.

Ce chantier fut montré en exemple dans le pays comme un modèle de sécurité. Pour cent kilomètres d'asphaltage, on ne déplora que trois incidents. Un ouvrier à court de vodka s'était perforé l'intestin en ava-

1. Pâtisseries.
2. L'excitait.
3. L'odeur.
4. Succession de virages.
5. Spécialité culinaire géorgienne.

lant de l'antigel pour fêter le premier kilomètre. Un autre avait parié qu'il garderait son pied le plus longtemps possible sur la chaussée au passage du compresseur et gagna son pari. Enfin on retrouva le cadavre d'un contremaître à bord d'une pelleteuse retournée dans la rivière : il l'avait empruntée une nuit de cuite « pour chercher des provisions ». Il y a toujours sur la route de Tsalka un petit monument votif[1] construit en sa mémoire.

L'asphalte atteignit Tsalka le 21 juin. La date était de bon augure[2]. Les dieux géorgiens organisaient le raccord en plein solstice. Le maire parla d'« un nouvel été pour le village ». Il conclut son discours en citant le *Traité sur les goudrons et sables bitumeux de l'URSS* de Pavel Neftski : « L'asphalte, tirée des profondeurs de la Terre pour en recouvrir la surface, est un présent qui nous est offert par le temps pour que nous nous affranchissions de l'espace. » Un tonnerre d'applaudissements salua cet éclair auquel on ne comprit rien. On avait invité les ingénieurs de Batoumi, les pétroliers du terminal de Supsa qui avaient participé au financement du gros œuvre, les députés de la région et le maire de Tbilissi. La route de Tsalka était devenue un symbole d'État. Les journaux favorables au gouvernement se félicitèrent d'une entreprise qui « hissait un village géorgien sur l'estrade où se dansait le tango de la mondialisation ». Les communistes hostiles à l'ouverture européenne s'indignèrent que des capitaux anglo-américains irriguassent le développement géorgien et déplorèrent que « les roues des Volga se commettent sur un bitume moins noir que les desseins de ceux qui le financent », pour reprendre l'expression du rédacteur d'une feuille stalinienne. La chaîne de télévision n° 1 filma la cérémonie du 21 juin. Une journaliste

1. Du souvenir.
2. Pleine de promesses, favorable.

dépêchée de Tbilissi interviewa Édolfius. La fanfare joua des airs de Mingrélie et, malgré les réserves prévues par l'intendance, il n'y avait plus de saucisses à 16 heures. On faillit même manquer de vin et le maire dut avancer cash 250 dollars à la tenancière du café pour qu'elle crève cinq fûts afin d'éviter la pénurie. Seul le pope Hilarion resta sur ses positions. Il ne se joignit pas aux réjouissances, resta devant l'icône puis sonna le glas au moment où le chœur de l'école entamait sur le podium l'*Hymne au goudron* composé par l'instituteur :

Tsalka la morte
Ressuscitée
Grâce au goudron
Qui nous emporte !
Tsalka dormeuse
Revigorée
Grâce à l'asphalte
Qui nous épate !

III

L'asphalte possède des propriétés darwiniennes[1]. Son épandage[2] modifie les comportements des groupes humains. Les villageois raccordés au reste du monde par le goudron rattrapent en quelques mois leur arriération. Tsalka connut cette accélération. Après deux semaines, les rues étaient méconnaissables.

1. Qui font évoluer. Darwin a expliqué la théorie de l'évolution des espèces.
2. Le fait de le répandre, de l'étaler.

L'asphalte

Édolfius avait comparé l'asphalte à un cordon ombilical, c'était plus que cela : une aorte[1] qui pulsait les mœurs d'en bas jusqu'à la lisière des alpages. Les enseignes lumineuses fleurirent. Des paraboles poussèrent dans l'encadrement des fenêtres. Un jour Tamara accrocha une pancarte « INTERNET HAUT DÉBIT » sous le portrait de Lénine. Dans les vitrines apparurent des produits dont on avait à peine soupçonné l'existence et qui s'avérèrent indispensables : des dessous féminins, des aquariums pour poissons tropicaux et des vélos d'appartement. Un panneau Pepsi-Cola clignota sur le fronton de ciment de l'arrêt de bus.

Certains villageois prirent des habitudes à la ville, d'autres y tinrent leurs quartiers[2]. Le trafic était incessant. Les jeunes descendaient à Batoumi pour le week-end et rentraient le lundi au village. Les femmes y faisaient leurs courses le samedi. Édolfius ne toussa plus sur le chemin des champs. Pendant quelques jours, il conserva le réflexe de se courber en portant son mouchoir à la bouche quand une voiture le croisait puis il cessa de le faire.

Le flux des déplacements s'inversa au milieu de l'été et l'on vit bientôt davantage de grosses cylindrées monter vers le village que de vieilles bagnoles descendre vers le littoral. Le bruit avait très vite couru dans les quartiers cossus[3] de Batoumi qu'un havre[4] verdoyant niché au creux d'un vallon se trouvait à portée de volant. Les citadins s'aventurèrent dans les hauteurs, s'enhardirent au village. La pharmacienne ouvrit la première chambre d'hôte et bientôt, sur le pas des portes, on afficha les tarifs pour des séjours chez l'habitant en pension complète. À la mairie, on commença à envisager la construction d'une remontée mécanique.

---

1. Artère.
2. S'y installèrent.
3. Riches.
4. Lieu tranquille.

À l'automne vint le premier étranger : un Américain mormon[1] qui portait la raie au milieu et une chemise blanche. Il tomba amoureux de la serveuse Tamara et n'essaya plus de convertir qui que ce soit. L'asphalte amenait du sang neuf. Tsalka vivait enfin.

Les jumelles d'Édolfius consumèrent leurs semaines en allers-retours. Tatiana trouva un emploi à Batoumi, au *Galant*, un bar du bord de mer pour Géorgiens enrichis. Du vendredi soir au dimanche, elle servait des *margaritas* à des Nouveaux Russes et des businessmen de Tbilissi qui portaient tous des chaussures vernies à bouts carrés et des boutons de manchette en verre. Elle avait des yeux violets, et une façon de porter ses mini-shorts qui rendait fous les clients : on aurait cru que le contact du tissu sur sa peau lui était intolérable. Bustan, un affairiste de trente-trois ans enrichi dans l'export du nickel, passa cinq week-ends de suite à la manger des yeux et la fit passer de l'autre côté du comptoir le sixième. Il se faisait servir du veuve-clicquot[2] directement dans le seau et roulait dans un Hummer blanc crème. Tatiana ne comprit jamais pourquoi le négoce en nickel justifiait qu'on circulât avec un 45[3] dans le vide-poches et un gorille[4] à lunettes noires à l'avant, mais elle ne posa aucune question car Bustan était gentil avec elle, ce qui détonnait dans le merdier postsoviétique, où les mecs ne s'intéressent qu'à la chatte des filles et leur parlent comme à des chiens.

Un lundi matin d'automne, Bustan vint à Tsalka. Le jeune businessman rencontra Édolfius et offrit des lys roses à la mère de Tatiana. On apprécia le jeune homme bien qu'on lui jugeât les mains douces et l'allure trop grasse. Il n'avait jamais vu de cochon en vrai et la porcherie qui jouxtait l'ancien club de la culture imprima dans sa mémoire et sur

---

1. Membre d'un mouvement religieux polygame.
2. Champagne.
3. Calibre 45, arme.
4. Garde du corps.

le cuir de ses Berluti une indélébile impression. Il revint à la fin de la semaine suivante pour chercher Tatiana et peu à peu l'habitude s'installa : il arrivait le vendredi soir, emportait sa paysanne, la baisait pendant deux jours face à la mer et la reconduisait au village le lundi matin.

Autrefois, la piste contraignait d'aller lentement. On connaissait chaque pouce carré du paysage, on n'y déplorait jamais d'accident, on avait tout le temps, on n'avait pas le choix. Sur l'asphalte flambant neuf, c'était différent, tout le monde fonçait, ça chauffait le sang. L'accélérateur vengeait les villageois de décennies de cahots. Certains d'entre eux étaient pris de rage. Moins ils étaient occupés et plus ils mettaient les gaz. Les purs oisifs[1] étaient les pires. Ils s'acharnaient à quitter le plus vite possible des endroits où il ne se passait rien pour rallier comme des fusées des lieux où ils n'avaient pas plus à faire.

Bustan chronométrait ses allers-retours entre la ville et Tsalka. Le Hummer n'était pas la machine la plus appropriée pour exploser les records, mais il était descendu jusqu'à quarante-six minutes et comptait améliorer le score. Tatiana n'avait jamais vu d'accident, la vitesse ne l'émouvait pas. Elle réussissait même à se vernir les ongles des deux pieds pendant le temps du trajet.

Le drame eut lieu un vendredi d'octobre, quatre mois après l'inauguration. Le Hummer rugissait vers Batoumi. Ce soir-là, Bustan était bien parti pour descendre sous la barre des quarante-cinq minutes. Il avait passé les lacets. Il pourrait encore accélérer une fois atteint le fond de la vallée. Il tarda à se ranger dans le dernier virage juste avant le pont, et écrasa son véhicule contre un camion qui montait en sens contraire. Il n'y eut même pas la place d'une seconde pour un coup de frein, un réflexe ou un dérapage. Les corps furent éjectés, personne ne souffrit.

1. Personnes qui ne font rien, qui sont sans occupation.

L'écho du fracas emplit le sous-bois pendant une dizaine de secondes et le silence revint. Les carcasses de tôles fumaient, les plaies des corps aussi. Tatiana gisait sur le goudron. Les plis de sa robe rouge soulevés par la chute étaient retombés en se déployant comme une corolle autour de sa taille. « Des pétales sur la route », pensa le médecin en arrivant une heure après avec l'équipe de secours.

Édolfius fut à peine étonné que la voiture de flics se range contre son champ. Les miliciens[1] aimaient sa compagnie, ils passaient parfois boire un verre chez lui. Le sergent monta sur le remblai de la parcelle.

– Tu t'en jettes un ? J'ai une bouteille dans le sac, dit le vieux paysan.

– Édolfius, il y a eu un accident mortel, dit le sergent.

– Où ?

– Au kilomètre soixante-cinq, juste avant le pont.

– Grave ?

– Mortel, je te dis !

Édolfius ressentit une petite contraction à la poitrine.

– Qui ?

– Ta fille, Tatiana. Elle est morte sur le coup, le corps est à Batoumi, il sera porté au village tout à l'heure.

Le cadavre de Tatiana arriva à neuf heures du soir dans un fourgon de la milice. On l'installa dans la chambre des jumelles. Les voisines déshabillèrent la jeune fille et la vêtirent d'une aube blanche. Le visage avait déjà la couleur des bougies. La pharmacienne partit cueillir du millepertuis[2] dans son jardin. Le frère d'Édolfius, l'instituteur, Tamara et son mormon, le sergent, le maire, les proches et les voisins se pressaient

1. Policiers.
2. Plante.

dans la maison. On s'attaquait aux formalités, on remplissait les papiers. Les morts compliquent la vie. On convint d'obsèques pour le dimanche suivant, ce qui laissait quarante-huit heures pour veiller le corps. La mère était prostrée[1] dans un fauteuil, les paupières déjà violettes au bout de deux heures de chagrin. Oxanna s'était enfermée dans la chambre de ses parents et refusait d'ouvrir. Sur le perron, Édolfius s'abrutissait de cognac. On s'écarta pour laisser rentrer le pope Hilarion. Il leva sa main baguée d'argent, demanda le silence.

– J'avais prévu ce qui est arrivé. Cette route est la langue du démon. Tatiana est la martyre de l'asphalte. Prions.

Il bénit l'assemblée, les femmes et les hommes se signèrent. Commencèrent les lentes litanies[2] de l'office des morts de l'Église géorgienne autocéphale[3]. À onze heures du soir, quelques-uns s'inquiétèrent de préparer le souper. La mère pleurait toujours. On la laissa se vider par les yeux et la sœur d'Édolfius alla chercher une dame-jeanne[4] de vingt litres de vin rouge, du pain et un jambon dans la réserve de la famille. On organisa des tours de garde pour se relayer alternativement autour du corps et du jambon. À minuit, on s'aperçut qu'Édolfius n'était plus sur le perron. Le sergent l'appela dans la nuit. Vingt-sept chiens se réveillèrent et hurlèrent en même temps.

*

Édolfius identifia immédiatement l'endroit à la lueur des phares. Les services de la voirie avaient déblayé la route, mais il restait des débris de tôles sur les bas-côtés.

---

1. Effondrée.
2. Prières.
3. Qui est indépendante.
4. Grosse bouteille.

Des troncs et des branches cassés traçaient des zébrures claires dans l'épaisseur de la forêt. Des débris de verre scintillaient sur l'accotement. Il contempla cet endroit où il était passé des centaines de fois. Le cognac l'abrutissait mais il conduisait la pelleteuse d'une main sûre. Il avait tellement observé les ouvriers que la machine n'avait plus de secret pour lui. Il n'avait pas eu plus de difficulté à la démarrer qu'à l'amener jusqu'ici. La *pelle sur pneus* américaine modèle M3222D de 22 tonnes appartenait à la mairie. Sur le capot, un slogan s'étalait en lettres jaunes et noires : « *Caterpillar* : L'AVENIR DU PROGRÈS ». Et un autre gravé sur le pare-brise en verre : « RENDRE POSSIBLE LE MONDE DE DEMAIN ». L'entrepreneur avait cédé ce bijou au maire moyennant son témoignage officiel dans le faux constat d'accident qui fut envoyé à l'assureur le lendemain de l'inauguration.

La pelle d'acier tomba sur la chaussée de toute la force du levier hydraulique. Les dents pénétrèrent jusqu'à la couche de graves et en arrachèrent une énorme plaque. Le bras articulé se redressa. Les mottes de bitume volèrent à la cime des pins et la pelle retomba, cura la sous-couche d'asphalte, et en décolla une nouvelle feuille. Édolfius sanglotait, secoué sur le fauteuil à suspension. Le bulldozer avançait mètre après mètre, laissant derrière lui une charpie[1] de gravats. Les cylindres chauffaient, les crocs mordaient la terre. Chaque choc ébranlait la machine. La poussière noire collait aux traînées de larmes sur les joues d'Édolfius. Au bout d'une heure, il avait défoncé les trois cents mètres qui le séparaient du pont. Il engagea les roues avant de la machine sur le tablier et en six coups de pelle le fit exploser. Édolfius hurla, cogna la cabine de ses poings et sortit dans la fraîcheur de la nuit, épuisé. Il plongea la

1. Un amas, un tas.

tête dans la rivière, regagna la pelleteuse, fit demi-tour en remontant la tranchée qu'il avait ouverte et rentra à Tsalka.

Il était trois heures du matin quand la machine tomba en panne d'essence à deux kilomètres du village. Il marcha vingt minutes en fixant les lumières, les mains derrière le dos, dégrisé mais ivre de chagrin. Il s'était vengé. Il ajoutait au florilège[1] des gens qui frappent du poing le rebord de la table où ils viennent de se cogner, ou bien cassent le poste de téléphone qui apporte les mauvaises nouvelles, une autre catégorie de justiciers : ceux qui bousillent la route sur laquelle leurs proches ont péri.

C'était lui-même qu'il avait puni en détruisant l'asphalte. Il se jura d'attaquer à la pioche l'intégralité de la route, dès le lendemain, jusqu'à s'en faire saigner les mains. Il défoncerait le moindre pouce carré de ce goudron dont il avait été le promoteur[2] et sur lequel sa fille venait d'être immolée.

L'agitation qui régnait chez lui ne convenait pas à une nuit de veillée mortuaire. Des voitures étaient garées devant l'entrée, phares allumés. On entendait des cris. Édolfius remarqua qu'on installait un corps à l'arrière d'une fourgonnette. Il s'approcha et apparut dans la lumière des phares.

– Où étais-tu, malheureux ? cria le sergent.

– Ton autre jumelle ! dit la voisine. Elle s'est ouvert les veines ! De chagrin !

– Mais on peut la sauver, coupa Tamara.

– Oui, dit la pharmacienne ! Si on arrive en moins d'une heure à la ville !

---

1. À l'ensemble.
2. L'instigateur, la personne à l'origine du projet.

Benoît Broyart
BAS LES MASQUES

Des semaines que ça dure. Je t'observe dès que tu tournes le dos, lorsque je suis certain que tu ne me regardes pas. Trop coincé pour t'adresser la parole. Trop coincé tout court. Ce que je préfère, c'est la façon que tu as de balancer ton sac sur l'épaule à la fin du cours. Tu lances un drôle de regard aux profs avant de quitter la salle. De la provocation. On dirait que tu attends une réflexion. Mais ça ne vient pas. Tu as de très bons résultats, alors les profs te laissent tranquille. Ils n'ont rien à dire. Derrière la vitre de ton masque, je vois briller deux petites billes foncées. L'épaisseur du verre m'empêche de connaître la vraie couleur de tes yeux mais je suis sûr que tu as les plus beaux de la classe. Aujourd'hui, tu es assise au premier rang. Tu ne bouges pas. Comme moi, tu attends que le vieil homme se mette à parler. Il se racle la gorge plusieurs fois et tousse. On dirait que son masque l'empêche de respirer.

« Bonjour à tous. Je m'appelle Michel Leroy. Votre professeur d'histoire a eu la gentillesse de m'inviter en qualité de témoin. Je ne suis pas là pour vous faire cours. Simplement, mon grand âge et mon passé de militant écologiste font que je connais assez bien le problème de la pollution atmosphérique. J'ai consacré la première partie de ma vie à la recherche et à la lutte, avant de proposer des interventions comme celle d'aujourd'hui. En vingt ans, j'ai rencontré des centaines de jeunes pour leur expliquer que nous n'avons pas toujours vécu ainsi.

On connaît mal, finalement, la cause principale de la dégradation de l'air. Les facteurs déclenchants ont été si nombreux qu'il paraît difficile, encore aujourd'hui, de trouver un coupable unique. Disons pour faire court que l'activité humaine, en quelques dizaines d'années, a abîmé la planète au point de nous obliger à porter cet accoutrement[1]. Chaque matin, avant de quitter votre lit, vous avez appris à passer en revue tous les éléments de votre panoplie[2]. Rien ne vous échappe ; vos parents ont su vous enseigner très tôt les gestes indispensables, heureusement. C'est devenu pour vous une habitude. »

Chloé, je donnerais n'importe quoi pour être là quand tu entres dans la bulle de ton lit, le soir, que tu enlèves enfin ta combinaison et ton masque. Quelle est la longueur de tes cheveux, leur couleur ? Rien ne dépasse. Autrement, le vêtement ne serait plus étanche et tu risquerais d'étouffer. Ta capuche est plus gonflée que celle des autres filles de la classe ; je parie que tu as les cheveux longs. Je les imagine lisses et noirs. Je donnerais n'importe quoi pour me trouver juste à côté de ton lit et te regarder dormir. Je serais invisible. Je ne te dérangerais pas.

J'aime la façon que tu as de marcher. Tu fais crisser le tissu épais à chaque pas. Je fonds dès que tu marches devant moi. Il faudra que j'arrive à te parler. Ce n'est pas gagné. J'ai peur que tu ne me répondes pas, que tes yeux deviennent durs derrière ton masque. Tu n'ouvres pas la bouche mais tu sembles me dire : *Pourquoi m'adresses-tu la parole ? Une fille comme moi, tu rêves ?* Tu n'aimes pas parler. Tu le fais seulement quand tu es obligée. C'est bien pour ça que tu détestes la prof de SVT. *Chloé, pouvez-vous me donner la définition d'un saprophyte*[3]*, s'il*

1. Habillement étrange, ridicule.
2. Ensemble d'accessoires permettant de se déguiser.
3. Champignon ou végétal qui se nourrit de matière organique morte.

vous plaît ? On dirait qu'elle le fait exprès. Elle voit bien que tu n'as pas envie. Une petite voix métallique finit par sortir de ton masque. Une voix qui ne te ressemble pas. Tu butes sur un mot, reprends ta respiration et manges la moitié de la phrase. Comme si ça ne suffisait pas, l'autre te demande de répéter. Parce qu'il faut que toute la classe entende. J'ai le même problème. Ça nous fait un point commun. Tous les deux incapables de hurler.

« En classe, vous avez étudié les dates les plus importantes. J'aimerais revenir aujourd'hui sur ce que les gouvernements ont considéré à l'époque comme des détails. Sachez que les choses se sont faites petit à petit. C'est pourquoi je reste persuadé qu'un tel désastre aurait pu être évité. Vous avez sans doute entendu parler des manifestations d'octobre 2020. Je crois que c'est au programme de seconde. Je ne me trompe pas, madame Blain ?

– Vous avez raison. Nous l'avons étudié il y a une quinzaine de jours.

– Très bien. C'est donc encore frais dans vos esprits. J'avais trente ans. Les manifestations se succédaient, parfois très violentes. J'étais au premier rang avec les militants les plus radicaux[1]. Imaginez-vous. Nous avancions à visage découvert. Les masques n'étaient pas encore obligatoires pour tous. Ils étaient réservés aux plus fragiles. Les enfants, les vieillards et les malades. Cette disparition progressive des visages nous semblait dramatique. Nous craignions de voir arriver le jour où nous serions tous obligés de nous protéger. »

Ton visage, je me le suis imaginé souvent. J'ai laissé longtemps grandir en moi le peu de détails que notre équipement permet de connaître.

---

1. Extrêmes.

L'autre soir, j'ai même essayé de te dessiner. Chloé, je voudrais que tu sois ma première fois. Je prendrai soin de t'enlever le masque moi-même. Lentement, je caresserai ton front, tes yeux, ton nez puis ta bouche avec mes deux mains pour que nous fassions vraiment connaissance. *Tu rêves. Une fille pareille ne sera jamais pour toi.*

M. Leroy s'est arrêté pour reprendre son souffle. Un sanglot lui a échappé puis il est resté un moment silencieux. J'ai cru que Mme Blain allait finir à sa place.

« Excusez-moi. Je suis toujours très ému quand je repense à cette époque. Si nous avions pris les mesures nécessaires, nous n'en serions peut-être pas là. Il aurait fallu agir avant, de toute façon. De nombreux signes auraient dû nous alerter. Mais c'était chaque fois la même chose. Appliquer le principe de précaution demandait trop d'efforts. Et les scientifiques tardaient à trouver des preuves. C'était possible que la forte émission de gaz à effet de serre soit responsable de la modification du climat mais difficile de le démontrer. La température a augmenté régulièrement et l'ozone[1] a fait les ravages qu'on sait dans les grandes villes. Nous sommes parvenus à une telle concentration qu'il est devenu impensable depuis longtemps de respirer sans masque.

Combien de visages connaissez-vous aujourd'hui ? Une dizaine, peut-être un peu plus. Disons une vingtaine. C'est dramatique de devoir s'isoler ainsi pour vivre, d'avoir vu finalement si peu de ses semblables ? Pas de visage, pas de corps. Rien ne doit dépasser sous peine de mort. C'est insoutenable ! Et on pourrait multiplier les exemples.

---

1. Gaz engendré par la pollution qui reste à la surface de la terre, gaz irritant qui contribue à l'effet de serre et aux pluies acides.

Avez-vous posé votre nez, ne serait-ce qu'une fois, sur une fleur pour respirer son parfum ? »

Il tousse et suffoque après chaque mot. Cela devient difficile de saisir le sens de ses paroles. Il a fini par adopter un ton amer[1], comme s'il en voulait à la terre entière. J'aimerais lui dire que nous n'y sommes pour rien, que nous l'avons trouvée comme ça la Terre, et qu'il nous faut bien vivre avec.

Tu t'es retournée. J'ai cru d'abord que tu m'avais entendu penser et que ton regard était pour moi. J'ai vu tes deux petites billes sombres, soudain inquiètes. En réalité, tu as vite compris qu'il se passait quelque chose de dramatique. C'est Mme Blain que tu as regardée se lever. Les propos du vieil homme commençaient à devenir incohérents. Il ne lisait plus ses feuilles depuis longtemps.

La prof a traversé la salle en courant dès qu'elle a vu M. Leroy plaquer ses deux mains sur son masque pour l'enlever mais elle n'a rien pu faire. Le vieil homme n'a pas voulu l'écouter. Il a utilisé ses dernières forces pour se libérer puis nous a regardés un moment sans rien dire. Je crois qu'il a essayé de sourire. Je m'étais trompé sur son compte. Il voulait nous offrir son visage. Il souffrait trop de porter ce masque en permanence. La classe a eu un mouvement de recul. La peur et le manque d'habitude. Certains se sont mis à crier parce qu'ils ne comprenaient pas son geste.

J'ai regardé le vieil homme bien en face. Il était plein de rides et avait les yeux très clairs. J'aurais voulu faire comme lui, juste pour qu'il voie mon sourire. Quelques secondes. Il aurait fallu que je retienne ma

1. Triste par déception.

respiration. Je suis sûr que Chloé était à deux doigts de le faire aussi. Je me suis dégonflé au dernier moment.

Le vieil homme est tombé inanimé au pied du bureau au bout d'une minute. La prof a ouvert la fenêtre et fait de grands signes aux infirmiers. Ils sont entrés dans la classe et ont placé M. Leroy sur le brancard. Nous ne l'avons plus revu. Mme Blain nous a appris récemment qu'il s'en était sorti de justesse. Il restera à l'hôpital quelques semaines pour se reposer.

Cette nuit, tu viens dans mon rêve. Nous marchons tous les deux dans la rue. Tes cheveux cachent tes épaules. Tu te tournes vers moi pour savoir si je veux bien t'accompagner dans un grand parc. Je regarde tes lèvres rouges bouger et te suis sans répondre. Je suis fasciné par la pâleur de ton visage. Il y a de grands arbres autour de nous. Les oiseaux font un bruit d'enfer. Tu me prends la main au moment où je ne m'y attends pas. Ça y est, c'est sûr, nous sommes ensemble et tu vas m'embrasser sur la bouche.

Benoît Broyart, « Bas les masques », in *Nouvelles vertes* © Thierry Magnier 2005.

Isaac Asimov
2430

Entre minuit et l'aube, quand le sommeil ne veut pas venir et que toutes les vieilles blessures commencent à faire mal, j'ai souvent la vision cauchemardesque d'un monde futur dans lequel il y a des milliards de gens, tous numérotés et enregistrés, sans un éclair de génie nulle part, sans un esprit original, sans une personnalité éclatante, sur l'ensemble de ce globe surpeuplé.

John Boynton Priestley

– Il va nous parler, dit Alvarez quand l'autre franchit la porte.

– Bon, dit Bunting. La pression sociale ne peut manquer de se faire sentir sur lui. Un curieux personnage. Comment a-t-il échappé aux corrections génétiques ? je ne le saurai jamais... Mais c'est *toi* qui feras les frais de la conversation. Il m'irrite tant que je suis incapable d'y mettre les formes.

Ils tournèrent dans le couloir en suivant la Voie de la Direction, laquelle était, comme toujours, fort peu encombrée. Ils auraient pu prendre le tapis roulant, mais ils n'avaient que trois kilomètres à parcourir, et Alvarez adorait marcher. Bunding n'avait pas insisté.

Alvarez était grand et plutôt mince, avec le genre de silhouette athlétique que l'on s'attend à trouver chez une personne qui aime les activités musculaires ; qui utilise couramment les escaliers et les plans inclinés, par exemple, au point d'en être presque considéré comme un personnage inquiétant. Bunting, plus doux et plus rond, évitait même jusqu'aux grands réflecteurs[1], et était absolument blême.

1. Dispositifs qui réfléchissent la lumière.

– J'espère, dit Bunting d'un air lugubre, qu'à nous deux nous serons assez.

– Oui, je crois. Nous voulons le garder dans notre secteur, si nous pouvons.

– Oui ! Tu sais, je continue à penser… pourquoi faut-il que ce soit *notre* secteur ? Près de cent vingt-cinq millions de kilomètres carrés d'un espace de vie réparti sur sept cents niveaux, et il faut que ça soit dans le bloc où l'on habite.

– Plutôt une distinction, d'un genre assez horrible, dit Alvarez.

Bunting fit un geste d'impatience.

– Et un peu à notre honneur, ajouta doucement Alvarez, si nous réglons l'affaire. Nous atteignons le sommet. Nous atteignons la fin. Nous atteignons le but. Toute l'humanité. Et c'est *nous* qui le faisons.

Bunting s'éclaira.

– Tu crois qu'ils le considéreront comme ça ? dit-il.

– Faisons en sorte qu'il en soit ainsi.

Leurs pas étaient assourdis par la pierre finement broyée, veinée de plastique. Ils croisaient d'autres couloirs et voyaient les foules innombrables sur le tapis roulant, au second plan. Il y eut une bouffée vite dissipée de diverses variétés de plancton[1]. Un instant, presque par instinct, ils surent qu'au-dessus, bien au-dessus, il y avait un des conduits géants qui, venant de la mer, allaient vers l'intérieur. Et, par symétrie, ils savaient qu'il devait y avoir un autre conduit, de même dimension, bien en dessous, qui allait vers la mer en partant de l'intérieur.

Leur destination était une pièce d'habitation, située bien en retrait par rapport au couloir, un endroit qui semblait différent des milliers d'autres devant lesquels ils étaient passés. Il y avait là une sensation

1. Organisme unicellulaire qu'on trouve dans l'eau.

intangible[1] et déconcertante d'espace, car, de chaque côté, sur une centaine de mètres, le mur était blanc. Et il y avait quelque chose dans l'air.

– Tu sens ? murmura Bunting.

– Je l'ai déjà senti, dit Alvarez. Inhumain.

– Littéralement ! répondit Bunting. Il ne s'imagine pas que nous allons nous occuper d'eux, non ?

– S'il se l'imagine, il est assez facile de refuser.

Ils émirent le signal, puis ils attendirent en silence tandis que le bourdonnement de la vie infinie se faisait entendre tout autour d'eux sans qu'on y prêtât attention, car il était toujours présent.

La porte s'ouvrit. Cranwitz attendait. Il avait l'air morose[2]. Il portait les vêtements qu'ils portaient tous, légers, simples, gris. Sur lui, pourtant, ils avaient l'air chiffonnés. *Lui-même* semblait chiffonné, avec ses cheveux trop longs, ses yeux injectés de sang et qui se dérobaient d'un air gêné.

– Pouvons-nous entrer ? demanda Alvarez avec une froide courtoisie.

Cranwitz s'écarta.

L'odeur était plus forte à l'intérieur. Cranwitz ferma la porte derrière eux, et ils s'assirent. Cranwitz resta debout et ne dit rien.

– Je dois vous demander, dit Alvarez, en ma qualité de représentant du secteur, avec Bunting ici comme vice-représentant, si vous êtes maintenant prêt à vous soumettre à la nécessité sociale.

Cranwitz eut l'air de réfléchir. Quand, enfin, il parla, sa voix basse était étouffée et il dut se racler la gorge.

– Je ne le veux pas, dit-il. Je ne suis pas obligé de le faire. Il existe depuis longtemps un contrat avec le gouvernement. Ma famille a toujours eu le droit…

1. Insaisissable.
2. Renfrogné, d'une humeur triste.

– Nous savons tout cela, et il n'est pas question d'avoir recours à la force, dit Bunting d'un air irrité. Nous vous demandons d'y accéder volontairement.

Alvarez toucha légèrement le genou de l'autre.

– Vous comprenez que la situation n'est pas ce qu'elle était du temps de votre père ; ni même, en réalité, ce qu'elle était l'année dernière ?

La longue mâchoire de Cranwitz tressaillit légèrement.

– Ce n'est pas mon avis. Le taux des naissances a baissé, cette année, d'après les chiffres des ordinateurs, et tout le reste a changé en conséquence. Cela se poursuit d'année en année. Pourquoi cette année serait-elle différente ?

Sa voix, de façon indéfinissable, était dénuée[1] de conviction. Alvarez était sûr qu'il savait *très bien* pourquoi cette année était différente, et il dit doucement :

– Cette année, nous avons atteint le but. Le taux des naissances correspond exactement au taux des décès ; le niveau de la population est maintenant absolument stable ; la construction est maintenant limitée uniquement à la rénovation ; et les fermes maritimes sont en équilibre. Il n'y a que vous à vous dresser entre l'humanité et la perfection.

– À cause de quelques souris ?

– À cause de quelques souris. Et d'autres créatures. Des cochons d'Inde. Des lapins. Quelques variétés d'oiseaux et de lézards. Je n'ai pas fait un recensement…

– Mais elles sont les seules qui restent dans le monde entier. Quel mal font-elles ?

– Et quel bien ? demanda Bunting.

1. Était dépourvue, manquait.

– Le bien d'être là en personne, dit Cranwitz. Jadis, il fut un temps où…

Alvarez avait déjà entendu cela. Il dit, avec toute la sympathie qu'il pouvait mettre dans sa voix (et, à sa grande surprise, avec une certaine somme de sympathie réelle, aussi) :

– Je sais. Jadis il fut un temps ! Il y a des siècles ! Il y avait un très grand nombre de formes de vie comme celles dont vous prenez soin. Et des millions d'années avant, il y avait des dinosaures. Mais nous avons des microfilms[1] de *tout.* Personne ne risque de les ignorer.

– Comment pouvez-vous comparer les microfilms avec la chose réelle ? demanda Cranwitz.

Bunting fit la moue[2].

– Les microfilms ne sentent pas.

– Le zoo était bien plus grand, jadis, dit Cranwitz. Chaque année, nous avons dû nous débarrasser de beaucoup d'animaux. Tous les grands animaux. Tous les carnivores. Les arbres. Il ne reste rien en dehors des petites plantes, des animaux minuscules. Laissez-les.

– Qu'est-ce que vous voulez qu'on en fasse ? dit Alvarez. Personne ne veut les voir. L'humanité est contre vous.

– La pression sociale…

– Nous ne pouvons pas convaincre les gens qui opposent une véritable résistance. Les gens ne veulent pas voir ces distorsions[3] de la vie. Ça les rend malades, vraiment. Qu'est-ce que vous voulez qu'on leur fasse ?

La voix d'Alvarez se faisait insinuante[4].

---

1. Supports de stockage contenant les clichés de pages de livres, dessins, documents…
2. Manifesta son mécontentement par une grimace.
3. Déformations.
4. Qui cherche à séduire et à tromper.

Cranwitz s'assit alors. Une certaine fébrilité accentuait la couleur de ses joues.

– J'ai réfléchi. Un jour, nous étendrons notre domaine. L'homme colonisera d'autres mondes. Il aura besoin d'animaux. Il aura besoin d'autres espèces, dans ces nouveaux mondes vides. Il lancera une nouvelle écologie diversifiée. Il…

Il laissa mourir sa voix sous le regard hostile des deux autres.

– Quels autres mondes allons-nous coloniser ? demanda Bunting.

– Nous sommes allés sur la Lune en 1969, dit Cranwitz.

– Ouais, et nous y avons établi une colonie, et nous l'avons abandonnée. Il n'y a pas un seul monde dans tout le système solaire capable d'entretenir la vie humaine, sans constructions mécaniques prohibitives[1].

– Il y a des mondes autour d'autres étoiles, dit Cranwitz. Des mondes semblables à la Terre par centaines de millions. Il doit y en avoir.

Alvarez hocha la tête.

– Hors de portée. Nous avons finalement exploité la Terre et nous l'avons peuplée de l'espèce humaine. Nous avons fait notre choix, et c'est la Terre. Il n'y a pas place pour le genre d'effort nécessité par la construction d'un stellonef capable de traverser des années-lumière d'espace… Vous êtes-vous plongé dans l'histoire du XXe siècle ?

– Ce fut le dernier siècle où le monde était ouvert, dit Cranwitz.

– Oui, dit sèchement Alvarez. J'espère que vous ne l'avez pas hyper-romantisé. J'ai étudié sa folie, aussi. Le monde était alors vide, quelques milliards, à peine, et ils trouvaient qu'il était surpeuplé… et avec de bonnes raisons. Ils dépensaient plus de la moitié de leurs biens en guerres et en préparatifs de guerre, ils dirigeaient leur économie sans réflexion, ils gaspillaient et s'empoisonnaient à plaisir, ils laissaient au

---

1. Excessivement coûteuses.

pur hasard le soin de régir[1] le fonds commun génétique et toléraient les normes venant des excentriques de toutes sortes. Bien entendu, ils craignaient ce qu'ils appelaient l'explosion démographique, rêvaient d'atteindre d'autres mondes comme une sorte d'évasion. Nous aurions fait la même chose dans ces conditions.

« Je n'ai pas besoin de vous parler du concours de circonstances et de progrès scientifiques qui a tout changé, mais laissez-moi vous le rappeler brièvement au cas où vous essaieriez d'oublier. Il y eut l'établissement d'un gouvernement mondial, le développement de l'énergie nucléaire, et l'extension de l'art de la technique génétique. Avec la paix planétaire, l'abondance d'énergie, et une humanité sereine, les hommes purent se multiplier paisiblement, et la science se développa parallèlement à cet accroissement.

« On savait d'avance exactement combien d'hommes la Terre pouvait nourrir. Tant de calories d'énergie solaire arrivaient sur la Terre et, d'après cela, tant de tonnes seulement de gaz carbonique pouvaient être fixées par les plantes vertes chaque année, et tant de tonnes seulement de vie animale pouvaient être nourries par ces plantes. La Terre pouvait subvenir aux besoins de deux trillions[2] de tonnes de vie animale… »

Cranwitz, finalement, l'interrompit :

– Et pourquoi ces deux trillions de tonnes ne seraient-elles pas toutes humaines ?

– Exactement.

– Même si cela signifiait la destruction de toute autre vie animale ?

– C'est la loi de l'évolution, dit Bunting, en colère. Celui qui s'adapte survit.

De nouveau, Alvarez toucha le genou de l'autre.

---

1. Diriger, gouverner.
2. Deux milliards de milliards.

– Bunting a raison, Cranwitz, dit-il doucement. Les téléostéens[1] ont remplacé les placodermes[2], lesquels ont remplacé les trilobites[3]. Les reptiles ont remplacé les amphibiens, et ont été à leur tour remplacés par les mammifères. Maintenant, enfin, l'évolution a atteint son apogée. La Terre porte sa puissante population de quinze trillions d'êtres humains…

– Mais comment ? demanda Cranwitz. Ils vivent dans un unique et immense bâtiment qui occupe toute la surface d'une terre aride, sans plantes ni animaux autour d'eux, en dehors de ce que j'ai ici. Et tout l'océan inhabité est devenu une soupe de plancton ; pas de vie, mais du plancton. Nous le récoltons indéfiniment pour nourrir les gens, et, tout aussi indéfiniment, nous restituons de la matière organique pour nourrir le plancton.

– Nous vivons très bien, dit Alvarez. Il n'y a pas de guerre. Il n'y a pas de crimes. Nos naissances sont réglementées. Nos morts sont paisibles. Nos enfants sont adaptés génétiquement et, sur la Terre, il y a maintenant vingt milliards de tonnes de cerveau normal ; la plus grande quantité concevable de la matière la plus complexe qu'on puisse concevoir dans l'univers.

– Et tout ce poids de cerveau fait *quoi ?*

Bunting poussa un soupir d'exaspération, assez fort pour être audible, mais Alvarez, toujours aussi calme, dit :

– Mon cher ami, vous confondez le moyen avec la fin. Cela vient peut-être de ce que vous vivez avec vos animaux. Quand la Terre était en cours de développement, il était nécessaire à la vie de faire des

1. Espèces actuelles de poissons.
2. Espèces éteintes de poissons ayant vécu entre – 440 et – 358 millions d'années.
3. Arthropodes marins de l'ère primaire (– 541 à – 252 millions d'années).

expériences et de prendre des risques. Ça valait même la peine d'être gaspilleur. La Terre était vide en ce temps-là. Il y avait une place infinie, et l'évolution devait faire des expériences avec dix millions d'espèces ou plus – jusqu'à ce qu'on trouve la *bonne* espèce.

« Même après la venue des hommes, elle a dû apprendre à se conduire. Pendant cette période d'apprentissage, elle a dû prendre des risques, tenter l'impossible, être insensée ou folle… Mais l'humanité est rentrée chez elle maintenant. Les hommes ont occupé la planète et n'ont besoin que d'une seule chose : profiter de la perfection. »

Alvarez s'arrêta pour laisser ses paroles faire impression sur Cranwitz, puis il dit :

– Nous la *voulons*, Cranwitz. Le monde entier veut la perfection. C'est par notre génération que la perfection a été atteinte, et nous *voulons* l'honneur de l'avoir atteinte. Vos animaux sont sur notre route.

Cranwitz hocha la tête, d'un air entêté.

– Ils prennent si peu de place ; ils consomment si peu d'énergie. Si on les supprimait tous, vous auriez de la place pour quoi ? Pour vingt-cinq êtres humains de plus ? Vingt-cinq sur quinze trillions ?

– Vingt-cinq êtres humains, dit Bunting, représentent trente-cinq kilos de cerveau humain. Avec quelle mesure pouvez-vous évaluer trente-cinq kilos de cerveau humain ?

– Mais vous en avez déjà des milliards de tonnes.

– Je sais, dit Alvarez, mais la différence entre la perfection et la pas-tout-à-fait perfection est celle qui existe entre la vie et la pas-tout-à-fait vie. Nous sommes si proches du but maintenant. Toute la Terre se prépare à célébrer cet an 2430. C'est l'année où l'ordinateur nous dit que la planète est enfin pleine ; le but est atteint ; tous les efforts de l'évolution sont couronnés de succès. Devrions-nous échouer faute de vingt-cinq êtres – même sur quinze trillions. C'est une imperfection minuscule, minuscule, mais c'est une imperfection.

« Réfléchissez, Cranwitz ! La Terre a attendu cinq milliards d'années pour être parachevée. Devons-nous attendre plus longtemps ? Nous ne pouvons pas et ne voulons pas vous forcer, mais si vous vous soumettez volontairement, vous serez un héros pour tous. »

– Oui, dit Bunting. Dans l'avenir, les hommes diront que Cranwitz a fait un geste, et que, par ce seul geste, nous avons atteint la perfection.

Et Cranwitz dit, imitant l'intonation de l'autre :

– Et les hommes diront qu'Alvarez et Bunting l'ont persuadé d'agir ainsi.

– Si nous réussissons ! dit Alvarez, avec un chagrin visible. Mais, dites-moi, Cranwitz, pouvez-vous espérer tenir éternellement contre la volonté éclairée de quinze trillions de gens ? Quels que soient vos mobiles[1] – et je reconnais qu'à votre façon, vous êtes un idéaliste –, pouvez-vous priver tant de gens de cette dernière bribe de perfection ?

Cranwitz baissa les yeux en silence, et Alvarez fit doucement un geste de la main en direction de Bunting, et Bunting se tut. Le silence continua à planer tandis que s'écoulaient lentement les minutes.

Puis Cranwitz murmura :

– Puis-je passer encore une journée avec mes animaux ?

– Et après ?

– Et après… je ne veux pas me dresser entre l'humanité et la perfection.

Et Alvarez dit :

– Je le ferai savoir au monde. On vous honorera.

Bunting et lui partirent.

---

1. Raisons.

Dans les vastes bâtiments continentaux, quelque cinq trillions d'êtres humains dormaient tranquillement ; quelque deux trillions d'êtres humains mangeaient tranquillement ; un demi-trillion faisait soigneusement l'amour. D'autres trillions parlaient sans chaleur, ou surveillaient paisiblement les ordinateurs, ou conduisaient les véhicules, ou étudiaient les machines, ou organisaient des bibliothèques de microfilms, ou amusaient leurs compagnons. Des trillions allaient dormir ; des trillions s'éveillaient ; et le trantran[1] quotidien ne changeait jamais.

Les machines fonctionnaient, se vérifiaient elles-mêmes, se réparaient elles-mêmes. La soupe de plancton de l'océan planétaire cuisait au soleil, et les cellules se divisaient, se divisaient, se divisaient, tandis que des dragues[2] les ramassaient indéfiniment et les séchaient et, par millions de tonnes, les transféraient dans les convoyeurs et les conduits qui les amèneraient aux quatre coins des bâtiments sans fin.

Et dans les quatre coins des bâtiments, les déchets humains étaient rassemblés, irradiés et séchés, et les cadavres humains étaient broyés, traités et séchés, et, éternellement, les résidus étaient ramenés à l'océan. Et pendant des heures, alors que tout cela continuait, comme cela avait continué pendant des décennies, et pouvait être condamné à continuer pendant des millénaires, Cranwitz nourrissait, une dernière fois, ses petites créatures, caressait son cochon d'Inde, soulevait une tortue pour plonger son regard dans ses yeux indéchiffrables, promenait un brin d'herbe vivante entre ses doigts.

Il les compta tous, un par un – dernières choses vivantes sur la Terre qui n'étaient ni des hommes ni de la nourriture pour hommes –, puis il

1. Train-train, routine, quotidien sans surprise (terme vieilli).
2. Filets de pêche.

empoisonna le sol dans lequel poussaient les plantes et les tua. Il inonda les cages et les pièces dans lesquelles se déplaçaient les animaux avec le gaz approprié, et ils cessèrent de bouger, et bientôt ils cessèrent de vivre.

Ces survivants avaient disparu, et maintenant, entre l'humanité et la perfection, il n'y avait plus que Cranwitz, dont les pensées encore rebelles sortaient de la norme. Mais, pour Cranwitz, il y avait aussi les gaz, et il ne voulait pas vivre.

Et, après cela, il y eut vraiment la perfection, sur toute la surface de la Terre, pour l'ensemble de ses quinze trillions d'habitants, et, sur ses vingt milliards de tonnes de cerveau humain, il n'y eut (après la disparition de Cranwitz) pas une pensée inquiétante, pas une idée extraordinaire, pour troubler la sérénité universelle, ce qui signifiait qu'on avait enfin atteint le vide exquis de l'uniformité.

Pierre Bordage
LES DUNIERS

Il était une fois un garçon du nom de Botrik qui rêvait de partir pour la frontière occidentale afin de défendre son pays contre les volters, comme son père, mort en héros lors de la trentième grande bataille des plages océaniques. Ses seize ans révolus[1], il jeta quelques affaires dans un sac, embrassa sa mère et ses sœurs éplorées[2], et courut s'enrôler dans l'armée des duniers. Ainsi appelait-on les vaillants soldats qui, déployés sur les hauteurs des dunes, brisaient les attaques des voleurs de terre.

On avait tout oublié des causes et du début de cette guerre. Les générations s'étaient relayées pour barrer le passage à un ennemi que l'on croyait à chaque victoire définitivement vaincu, mais dont les vagues déferlaient de nouveau une ou plusieurs années après. Les formes sombres et serrées de navires apparaissaient tout à coup à l'horizon, les guetteurs donnaient l'alerte, les défenseurs se précipitaient sur les hautes palissades dominant les dunes et ouvraient le feu sitôt que les envahisseurs se tenaient à portée des canons et des fusils. La durée des combats oscillait entre un jour et plusieurs semaines, voire quatre ou cinq mois. Tout dépendait du nombre des assaillants et de leur courage. Ils se présentaient parfois en rangs serrés, disciplinés, bien armés et correctement nourris ; d'autres fois ils arrivaient en groupes désordonnés, hommes, femmes, enfants, vieillards mêlés, dépenaillées, affamés, armés de simples bâtons et de couteaux, donnant l'impression de s'offrir en victimes expiatoires[3] aux balles et aux obus des duniers.

1. Écoulés, passés.
2. En pleurs.
3. Victimes d'un sacrifice.

Le peuple exigeait une surveillance constante de l'ensemble de ses côtes et soutenait les candidats à la présidence qui promettaient, la main sur le cœur, de tout mettre en œuvre pour garantir sa protection et sa prospérité[1]. Au long des trois premiers mandats de Janiber, le président en exercice, trois mille kilomètres de palissade avaient été édifiés ou consolidés tout au long du littoral, un chantier pharaonique qui lui avait valu le surnom affectueux de *Grande Muraille*, et les effectifs de l'armée n'avaient cessé d'augmenter pour atteindre cinq millions d'hommes.

Les nouvelles recrues, dont Botrik, furent expédiées au nord de la frontière occidentale, là où les conditions climatiques étaient les plus désagréables et, à cause des épaisses brumes, les attaques les plus fréquentes et dangereuses. Le jeune homme bouillait d'impatience comme tous ses camarades d'en découdre avec l'ennemi, mais ils durent attendre quarante jours avant de livrer leur premier combat. Une centaine de bateaux émergèrent tout à coup du manteau brumeux et, leurs voiles gonflées par les vents d'ouest, cinglèrent[2] rapidement vers le rivage. Les duniers ouvrirent le feu et fauchèrent les assaillants, qui, curieusement, ne ripostèrent pas. Les tirs précis de Botrik en couchèrent une bonne vingtaine. Comme il s'en réjouissait bruyamment auprès de ses compagnons d'armes dans un silence soudain retombé, un dunier au visage haché de rides et de cicatrices se tourna vers lui et dit sèchement :

« Te vante pas, mon gars : ces gens-là n'étaient pas armés. T'as tué principalement des femmes et des gosses.

– Comment le sais-tu ? répliqua Botrik. Il fait à peine jour, et on ne les voit pas bien d'ici.

---

1. Développement heureux.
2. Naviguèrent, se dirigèrent.

– Ça fait près de quarante ans que je suis en poste, j'ai appris à reconnaître les volters.

– Pourquoi es-tu resté dans le coin ? Les gars de ton âge, ils sont normalement cantonnés[1] plus au sud ou bien retournés chez eux.

– Un officier n'a pas aimé la façon dont je lui ai parlé.

– Comment lui as-tu parlé ?

– C'était un homme cruel, un salopard, j'ai pas pu m'empêcher de le lui dire et de lui cracher au visage. » Botrik devint à partir de ce jour le confident du vieux dunier, qui s'appelait Inguat. Comme ni les officiers, ni les autres soldats n'appréciaient son nouvel ami, il se heurta lui aussi à l'hostilité[2] générale. On ne lui adressait plus la parole que pour lui donner des ordres ou lui lancer des provocations auxquelles, sur les conseils d'Inguat, il ne réagissait pas.

« Ils te mettront la bagarre sur le dos si tu ripostes, et tu finiras en cabane d'isolement avec un bout de pain sec et un verre d'eau par jour. Ignore-les. Tu verras, ils finiront par te ficher la paix. »

Le vieux dunier pouvait passer des semaines sans proférer le moindre son, puis, tout à coup, il se mettait à parler sans s'arrêter jusqu'à ce que le sommeil l'emporte. Botrik ne perdait pas une miette de ses histoires. Inguat avait acquis tant d'expérience au cours de toutes ces années passées sur les dunes du nord qu'il en connaissait chaque recoin, chaque piège. Il se souvenait de toutes les batailles qu'il avait menées du haut de la palissade contre les hordes[3] venues de l'océan.

« Hordes n'est pas le bon mot. Enfin, c'est le mot choisi par l'état-major pour impressionner le peuple et ceux qui le gouvernent. Je

1. Établis, installés dans un endroit par autorité.
2. Haine, antipathie.
3. Groupes d'individus errants ou sans organisation.

dirais plutôt groupes. Des familles élargies pour la plupart. Ou encore des gens du même village, ou de la même religion. De pauvres bougres[1] qui cherchent une terre d'accueil puisqu'ils ont perdu la leur, sûrement pas des envahisseurs, ni même des combattants.

– Comment le sais-tu ?

– J'ai discuté avec quelques prisonniers qui parlaient notre langue avant leur exécution. Ils venaient des continents submergés par la subite montée des eaux : Amérique, Afrique, Océanie, Asie. Ils ne débarquaient pas dans l'intention de nous voler nos terres, mais de nous demander si nous n'avions pas une petite place pour eux.

– Si on donne les terres à tout le monde, on n'en aura plus assez pour nous, objecta Botrik.

– Nous avons largement assez d'espace pour y loger une population quatre ou cinq fois supérieure à la nôtre. Mais nous avons perdu tout sens du partage, toute compassion. La peur, tu comprends ? La peur de l'autre, la peur du manque.

– Pourquoi leur tirer dessus si tu n'es pas d'accord avec cette guerre ? »

Inguat garda le silence un long moment, les yeux baissés, les mâchoires serrées.

« Ça fait trente-huit ans que je n'ai pas tué un seul volter. Je suis un bon tireur pourtant. Je m'arrange pour que mes balles leur passent au-dessus de la tête. Je laisse le sale boulot aux jeunes qui arrivent sur le front avec l'envie féroce de les massacrer.

– Comme moi…

– Oh, je ne te le reproche pas : j'ai subi le même conditionnement que toi, je suis arrivé ici avec la ferme intention de flinguer du volter, et puis le temps a passé, je me suis demandé ce que je fichais là, j'ai voulu repartir chez

1. Personnes nécessiteuses, misérables.

moi, l'officier m'a traité de lâche, je me suis retrouvé en cabane pendant six mois. On m'a dit que je devais attendre l'autorisation de rentrer, ou je serais considéré comme un déserteur et fusillé. Ça fait trente-huit ans que j'attends. Que je suis sans nouvelles des miens. Je ne sais même pas s'ils ont survécu à la terrible pandémie qui s'est déclarée il y a vingt ans de ça. Je n'ai trouvé qu'une façon de passer le temps : m'intéresser aux volters. Comprendre qui ils sont vraiment. Ce qu'ils cherchent. Je me suis porté volontaire pour garder les prisonniers que les officiers voulaient interroger. Ça me permettait de parler avec eux. La vérité est que nous accueillons à coups de balles, de roquettes et d'obus des êtres humains qui ont affronté les pires souffrances dans l'espoir de se ménager une petite place parmi nous. Nous les traitons de monstres, mais, je te le demande, Botrik, qui sont les monstres ? »

Dès lors, Botrik cessa également de tuer les hommes et les femmes qui, dans l'eau jusqu'à la taille, portant leurs jeunes enfants ou leurs vieux parents sur leurs épaules, tentaient de gagner la plage bordée par les dunes.

Un jour, Inguat disparut. Des bruits insinuaient[1] qu'il s'était noyé dans l'océan en essayant de porter secours à ses « amis » volters, ou qu'il s'était enfui comme le couard[2] qu'il avait toujours été. On n'eut plus jamais de nouvelles de lui.

Les autres ne lui pardonnant pas son amitié avec le vieux dunier, Botrik fut condamné à une solitude éprouvante. Il prit l'habitude de faire de longues balades sur les plages, armé de son fusil d'assaut pour bien montrer aux sentinelles[3] qu'il n'était pas un salaud de voleur de terre. Aucun bateau ne

1. Sous-entendaient.
2. Lâche.
3. Soldats chargés de guetter, de surveiller un lieu pour le protéger.

surgit de la brume pendant presque un an, si bien que l'ennui commença à gagner la troupe et que, pour le tromper, on désigna quelques boucs émissaires[1]. Botrik fit évidemment partie du lot. Il essuya dès lors brimades[2] et vexations, et, conscient qu'il ne pourrait pas longtemps contenir la colère qui bouillonnait en lui, il résolut de partir au milieu de la nuit et de se tenir à l'écart, au moins le temps que les esprits s'apaisent. Mais, tandis qu'il s'éloignait du camp, les faisceaux aveuglants des projecteurs balayèrent le sable, des voix retentirent en haut de la palissade et l'accusèrent de désertion[3]. Un officier ordonna qu'on l'abattît sur-le-champ. Il courut à toutes jambes en direction de la plage, s'avança dans l'océan et, malgré la fraîcheur de l'eau, continua de marcher jusqu'à ce qu'il se trouvât hors de portée des projecteurs et des balles. Il se réfugia au pied d'une falaise abrupte et bordée de récifs[4], un endroit où il n'y avait ni palissade ni mirador[5], puisque les énormes vagues et la côte déchiquetée interdisaient aux navires d'accoster.

Le gibier se faisant rare dans les environs, il souffrit rapidement de la faim. Il songea au bout de quelques jours à revenir au camp, malgré le risque d'y être jugé et probablement fusillé, mais, affaibli par une forte fièvre, il s'effondra au bout de quelques pas et perdit connaissance.

Il se réveilla dans une grotte éclairée par un feu. Des hommes, des femmes et des enfants l'entouraient. La peau noire et les cheveux crépus des uns contrastaient avec la pâleur et la blondeur des autres. Tous le dévisageaient en silence. Il entrevit de la crainte dans leurs yeux.

---

1. Individus choisis pour endosser une responsabilité à la place des autres, ou pour réparer une faute pour laquelle il est innocent.
2. Humiliations.
3. Fait de quitter l'armée sans autorisation.
4. Rochers qu'on voit à peine à la surface de la mer.
5. Tour d'observation.

« Qui êtes-vous ? demanda-t-il.

– Nous venons d'Amérique, répondit un homme assez âgé qui braquait sur lui son propre fusil d'assaut. Ou plutôt de ce qu'il en reste. Les conditions de vie sont devenues trop dures là-bas.

Nous avons entendu dire qu'il suffisait de poser le pied sur ce continent pour être considéré comme l'un de ses habitants. Et toi, que fais-tu là ?

– Je me suis enfui du camp militaire.

– Pourquoi ?

– Je refuse de tuer les volters… »

La moue[1] interrogative de son interlocuteur poussa Botrik à préciser : « Les voleurs de terre.

– Nous n'avons pas l'intention de voler les terres, protesta une femme à la peau noire. Nous cherchons seulement un lieu où nos enfants pourront grandir sans risquer leur vie à chaque instant.

– Comment vous êtes-vous retrouvés dans cette grotte ?

– Les courants nous ont éloignés de la grande plage et ont drossé[2] nos bateaux sur les récifs, répondit l'homme âgé. Heureusement, ou nous serions tous morts. Nous avons réussi à nous installer dans cet endroit et à récupérer quelques-unes de nos affaires. Nous attendons que les beaux jours reviennent pour essayer de nous installer plus loin sur le continent.

– Il n'y a aucune raison d'attendre. Le temps ne change pas, ici. »

En désaccord sur la conduite à suivre, ils discutèrent une grande partie de la nuit : les uns affirmaient que la prétendue loi du sol qui les avait attirés ici n'était qu'une légende et que la population locale les exterminerait sans pitié, les autres arguaient[3] qu'il valait mieux courir

---

1. Expression du visage faite en serrant et en avançant les lèvres.
2. Entraîné, poussé.
3. Prétendaient, concluaient.

le risque d'être massacrés que de croupir le reste de leur existence dans cette grotte.

Botrik leur dit :

« Je viendrai avec vous si vous le voulez. J'essaierai de vous conduire en lieu sûr. »

Le vieil homme hocha la tête :

« Dans ce cas, nous attendrons que tu sois remis pour que tu puisses guider ceux qui souhaitent partir. » Botrik fut rétabli trois jours plus tard et la totalité du petit groupe accepta de le suivre même si quelques-uns persistaient à se méfier de lui. Le vieil homme lui rendit son arme et ses munitions :

« Tu sais mieux t'en servir que moi. »

Ils ramassèrent les affaires qui leur étaient indispensables, sortirent de la grotte au petit matin et décidèrent d'escalader la falaise. Deux garçons ouvrirent la voie et, parvenus en haut, attachèrent de solides cordes aux rochers pour permettre aux autres de grimper à leur tour. Botrik, resté en arrière pour surveiller la côte, les rejoignit en dernier. Comme nulle palissade, nul mirador n'étaient en vue, ils marchèrent jusqu'à l'épuisement sur une lande embrumée, désolée, par endroits recouverte de glace. Ils semblaient si heureux de fouler une terre ferme qu'aucun d'entre eux n'émettait la moindre plainte, pas même les enfants qui suivaient l'allure sans rechigner[1].

La nuit tombait lorsqu'ils arrivèrent en vue d'une cabane en bois habitée par un géant dont l'épaisse barbe brune cachait en partie le ventre replet[2].

---

1. Sans protester.
2. Dodu, grassouillet.

« D'où venez-vous ? leur demanda-t-il d'une voix si puissante que les plus jeunes enfants des deux familles se mirent à pleurer.

– D'Amérique, répondit le vieil homme.

– Volters, hein… »

Le colosse se tourna vers Botrik :

« Qu'est-ce que tu fiches avec eux, toi ? Tu portes l'uniforme des duniers. Tu n'es pas censé les tuer ?

– Je refuse de tirer sur des gens sans défense.

– Déserteur, hein… »

Le géant tira de sa poche un petit appareil qu'il pointa sur Botrik d'un air menaçant.

« Il me suffit de passer un coup de fil pour que tes copains militaires rappliquent en masse dans le coin et zigouillent tout ce petit monde, toi y compris.

– Je croyais que les téléphones portables étaient interdits…

– Pas pour ceux qui, comme moi, habitent près de la frontière et font office de sentinelles.

– En ce cas, vous ne me laissez pas d'autre choix que de vous tuer », répliqua Botrik avec calme.

Il pointa son fusil sur le colosse, l'index replié sur la détente.

« Tu prendrais la vie de quelqu'un de ton pays plutôt que celle de ces volters ?

– Sans hésitation. »

Le géant écarta les bras en secouant la tête, puis éclata d'un rire tonitruant. À cet instant, une silhouette sortit de la cabane et s'avança vers eux. Le cœur de Botrik battit à tout rompre lorsqu'il reconnut Inguat. « Jonaz te mettait à l'épreuve ! s'exclama le vieux dunier. Tu as réagi comme nous l'attendions, Botrik !

– Je te croyais mort.

– Ils ont bien failli me trouer la peau, là-bas, mais je leur ai échappé. Comme toi, à ce que je vois. »

Tandis que les deux duniers s'étreignaient[1], le géant s'adressa aux deux familles regroupées un peu plus loin :

« Ma cabane n'est pas très grande, mais vous y serez au chaud. Et j'ai de quoi vous offrir à tous un bon repas. »

Jonaz appartenait à un groupe clandestin dont l'activité consistait à sauver de l'hécatombe[2] le plus grand nombre possible de volters, à leur procurer de nouveaux papiers puis à les conduire, par un réseau de passeurs, vers des terres et des villages abandonnés.

« Mon téléphone est lui aussi clandestin. Il existe encore quelques satellites en état de marche qui nous permettent de communiquer par des réseaux que nous sommes les seuls à utiliser. Il me sert également à attirer les duniers sur de fausses pistes, à créer des brèches[3]. »

Deux passeurs, un homme et sa fille, dont Botrik s'éprit instantanément, se présentèrent deux jours plus tard pour guider les deux familles vers une contrée fertile située plus au sud. En cours de route, ils feraient halte dans l'un de leurs repaires pour fournir aux nouveaux arrivants les fausses identités et les autorisations nécessaires.

« Je reviens bientôt, chuchota la fille du passeur à Botrik avant de se mettre en chemin. Tu seras là ?

– Je t'attends. »

Elle lui effleura la joue de la main et courut rejoindre son père qui s'éloignait déjà en compagnie des deux familles rescapées.

1. Se serraient dans les bras.
2. Massacre, destruction de masse.
3. Ouvertures.

C'est ainsi que le jeune Botrik entra dans le monde de la clandestinité, de la complicité, de l'humanité, et jamais il ne regretta son choix.

Pierre Bordage, « Les duniers », in *Contes des sages d'autres mondes et d'autres temps*

Philip K. Dick
PLANÈTE POUR HÔTES DE PASSAGE

En cette fin d'après-midi, l'immense orbe chatoyant[1] du soleil dispensait[2] une lumière aussi brûlante qu'aveuglante. Trent s'arrêta un moment pour reprendre son souffle. À l'intérieur de son casque plombé, une sueur visqueuse ruisselait sur son visage et, goutte à goutte, lui obstruait la gorge et embuait sa visière.

Il fit passer d'une épaule à l'autre sa trousse d'urgence et remonta le ceinturon qui supportait son arme. Puis il retira de son réservoir à oxygène deux tubes vides qu'il jeta dans les broussailles. Ils roulèrent sur eux-mêmes et allèrent se perdre parmi les innombrables tas de feuilles rouges et vertes et autres enchevêtrements de plantes grimpantes.

Trent consulta son compteur et jugea ses indications suffisamment rassurantes pour relever son casque l'espace d'un précieux instant.

L'air frais emplit ses narines et sa bouche. Il respira à fond. Cela sentait bon l'humidité végétale luxuriante[3]. Il vida ses poumons et inspira de nouveau.

Sur sa droite s'élevait à bonne hauteur un buisson orange de forme cylindrique qui s'enroulait autour d'un pilier de béton affaissé. Ailleurs, le paysage vallonné se composait de vastes étendues de prairies ponctuées d'arbres. Au loin se profilait une masse de végétation compacte formant un véritable mur, une jungle peuplée d'animaux rampants et d'insectes, parsemée de fleurs et étouffant sous les broussailles, où il lui faudrait se frayer lentement un chemin à coups d'éclateur.

---

1. Sphère aux reflets vifs et changeants.
2. Libérait, envoyait.
3. Abondante.

Deux énormes papillons le dépassèrent en dansant ; fragiles et multicolores, ils se poursuivirent en zigzag avant de disparaître. Il y avait partout de la vie, que ce soit sous forme d'insectes, de plantes ou de petits animaux décampant[1] dans les fourrés ; oui, c'était une nature bourdonnante où la vie grouillait dans toutes les directions. Trent soupira et remit son casque en place. Deux bouffées d'air : il n'osait pas plus.

Il augmenta le débit de son réservoir à oxygène, porta son transmetteur à ses lèvres et l'activa rapidement. « Ici Trent. J'appelle le Contrôle Mine. Contrôle Mine, vous m'entendez ? »

Un silence entrecoupé de parasites. Puis une voix faible, fantomatique, lui répondit : « Trent, où êtes-vous ?

– Je me dirige toujours vers le nord. Il y a des ruines devant moi. Il se peut que je sois obligé de les contourner. Ça a l'air dense.

– Des ruines ?

– New York, probablement. Je vérifierai sur la carte.

– Toujours rien ? demanda avidement la voix.

– Non. Du moins pour l'instant. Je fais le tour et je vous rappelle d'ici une heure. » Trent consulta sa montre. « Il est maintenant trois heures et demie. Vous aurez de mes nouvelles avant ce soir. »

Son interlocuteur ne réagit pas tout de suite. « Bonne chance. J'espère que vous trouverez quelque chose. Où en êtes-vous de votre provision d'oxygène ?

– Ça va.

– Encore de quoi manger ?

– Largement. Et je peux trouver des plantes comestibles.

– Ne prenez pas de risques !

1. Fuyant.

– Ne vous en faites pas. » Trent coupa le transmetteur et le remit à sa ceinture. Puis il reprit son éclateur en main, épaula son paquetage et se remit en marche ; ses lourdes bottes plombées s'enfonçaient profondément dans l'épais tapis de feuilles qui recouvrait l'humus.

Il était à peine plus de quatre heures lorsqu'il *les* vit. Ils sortirent de la jungle qui l'entourait. Ils étaient deux, deux jeunes mâles grands et minces caparaçonnés[1] d'une matière gris bleuté évoquant la cendre. L'un leva la main en signe de bienvenue. Six ou sept doigts, avec des articulations supplémentaires.

« Bonjour », dit-il d'une voix flûtée[2].

Trent s'immobilisa net. Son cœur cognait dans sa poitrine. « Bonjour », répondit-il.

Les deux jeunes s'approchèrent lentement. L'un avait une hache, une espèce de machette. L'autre portait en tout et pour tout un pantalon et une chemise en lambeaux. Ils mesuraient au moins deux mètres vingt. Ils étaient tout en os et en angles, avec de grands yeux curieux aux paupières lourdes. Il s'était produit en eux des changements internes, ils possédaient un métabolisme[3], une structure cellulaire radicalement différents ; ils pouvaient tirer profit des résidus radioactifs et leur système digestif était altéré. Tous deux observaient Trent avec un intérêt croissant.

« Dites, fit l'un d'eux. Vous êtes un humain, non ?

– C'est exact, répondit Trent.

– Je m'appelle Jackson. » Le jeune lui tendit une frêle main bleue à la peau cornée que Trent serra maladroitement. La main lui parut bien

1. Habillés, entièrement recouverts.
2. Semblable au son de la flûte.
3. Activité de l'organisme et ses réactions chimiques.

fragile dans son gant plombé. Son propriétaire ajouta : « Et mon ami s'appelle Earl Potter. »

Trent serra la main de ce dernier. « Bienvenue », fit celui-ci. Ses lèvres desséchées tressaillirent. « Je peux regarder votre matos ?

– Mon quoi ?

– Votre arme et votre matériel. C'est quoi, ça, sur votre ceinturon ? Et ce réservoir ?

– Ceci est un transmetteur... ça, c'est de l'oxygène. » Trent montra le transmetteur. « Il fonctionne sur piles. Il a une portée de plus de cent cinquante kilomètres.

– Vous venez d'un camp ? demanda vivement Jackson.

– Oui. En Pennsylvanie.

– Combien vous êtes ? »

Trent haussa les épaules. « Quelques dizaines. »

Les jeunes géants à peau bleue étaient manifestement fascinés.

« Comment avez-vous survécu ? La Pennsylvanie a été salement touchée, non ? Les poches doivent être profondes là-bas.

– Dans les mines, expliqua Trent. Nos ancêtres se sont réfugiés tout au fond des mines de charbon au début de la guerre. C'est ce que disent les archives. Nous sommes assez bien installés. Nous cultivons notre propre nourriture dans des bacs. Nous avons quelques machines, des pompes, des compresseurs, des générateurs électriques. Des tours manuels, des métiers à tisser. »

Ce qu'il omettait de mentionner, c'était que, désormais, les générateurs devaient eux aussi être actionnés manuellement et que la moitié des bacs étaient hors d'usage. Au bout de trois cents ans, le métal et le plastique n'étaient plus en très bon état, malgré les réparations incessantes. Tout s'usait, tout tombait en panne.

« Eh ben…, dit Potter. C'est Dave Hunter qui ne va pas avoir l'air malin.

– Qui est-ce ?

– Un type qui prétend qu'il ne reste plus de vrais humains », expliqua Jackson. Curieux, il toucha du bout du doigt le casque de Trent. « Pourquoi ne revenez-vous pas habiter avec nous ? On a un campement près d'ici, à une heure de tracteur à peine – je parle de notre tracteur de chasse. On chasse le lapin volant, Earl et moi.

– Le *lapin volant* ?

– Oui, la viande est bonne, mais ils sont durs à maîtriser. Ils font bien quinze kilos.

– Avec quoi les attrapez-vous ? Sûrement pas avec cette hache. »

Potter et Jackson se mirent à rire. « Regardez ça. » Potter extirpa de son pantalon une longue baguette de cuivre plaquée le long de sa jambe maigre.

Trent l'examina. Elle était façonnée à la main à partir de métal plus ou moins malléable, soigneusement foré[1] et redressé. Une extrémité était en forme de bec. Il y glissa un œil. Une petite pique en métal s'y trouvait logée dans une espèce de métal translucide. « Comment ça marche ? s'enquit-il.

– On lance la flèche soi-même, un peu comme avec une sarbacane. Mais une fois partie, elle ne lâche plus jamais sa cible. Il faut quand même fournir l'impulsion initiale. » Potter se mit à rire. « C'est moi qui m'en charge. Il suffit de souffler très fort.

– Intéressant », commenta Trent en lui rendant la baguette. Puis, en s'efforçant de parler avec désinvolture[2], mais sans quitter des yeux les

---

1. Percé.
2. Légèreté, sans sembler y attacher beaucoup d'importance.

deux visages gris-bleu, il demanda : « Est-ce que je suis votre premier humain ?

– En effet, acquiesça Jackson. Le Vieux sera ravi de vous accueillir. » L'impatience perçait dans sa voix flûtée. « Qu'est-ce que vous en dites ? On prendrait soin de vous, on vous nourrirait de plantes et d'animaux bien frais. Vous pourriez rester une semaine peut-être ?

– Je regrette, dit Trent, mais j'ai à faire. Toutefois, si je passe par ici à mon retour… »

Les deux autres furent visiblement très déçus. « Même pas un tout petit moment ? Juste une nuit ? On vous donnera plein d'aliments non contaminés. On a une glacière que le Vieux a arrangée et qui marche bien. »

Trent tapota son réservoir. « Il ne me reste plus beaucoup d'oxygène. Vous n'auriez pas un compresseur ?

– Non. Ça ne nous servirait à rien. Mais peut-être que le Vieux peut…

– Désolé. » Trent fit un pas de côté. « Il faut que je m'en aille. Vous êtes sûrs qu'il n'y a pas d'humains dans cette région ?

– Nous pensions qu'il n'y en avait plus aucun nulle part. Il y avait bien des bruits qui couraient de temps en temps. Mais vous êtes le premier que nous rencontrons. » Potter indiqua l'ouest. « Il y a une tribu de rouleurs là-bas. » Puis il montra vaguement le sud. « Et deux tribus d'insectoïdes par là.

– Et puis aussi des coureurs.

– Vous les avez vus ?

– J'en viens.

– Et au nord, il y a quelques-uns de ceux qui vivent sous terre, ceux qui sont aveugles et qui creusent le sol. » Potter fit la grimace. « Je ne peux pas les supporter, avec leurs forets[1] et leurs gouges[2]. Mais bon, ajouta-t-il en souriant, chacun vit à sa façon.

– Et à l'est, enchaîna Jackson, là où commence l'océan, il y en a beaucoup de l'espèce marsouin – ceux qui vivent sous la mer. Ils se déplacent en nageant et habitent de grands dômes sous-marins remplis d'air, ou parfois des réservoirs. Quelquefois, la nuit, ils sortent. Il y a beaucoup d'espèces qui ne sortent que la nuit. Nous, nous avons gardé un cycle basé sur la lumière du jour. » Il frotta sa carapace bleutée. « Avec ça, on est bien protégés des radiations.

– Je m'en doute, dit Trent. Bon, à un de ces jours peut-être.

– Bonne chance. »

Les yeux encore écarquillés par l'étonnement, ils suivirent du regard l'humain qui s'enfonçait péniblement dans la jungle luxuriante, avec sa combinaison plastique et métal qui luisait faiblement au soleil.

La Terre grouillait de vie et d'activité, le tout formant un tableau d'une confusion sans bornes. On ne comptait plus les espèces, nocturnes, diurnes[3], terrestres, aquatiques, qui n'avaient jamais été cataloguées et ne le seraient probablement jamais.

À la fin de la guerre, il ne restait pas un centimètre carré de surface qui ne fut radioactif. La planète entière avait été bombardée par les radiations dures. Toutes les formes de vie y avaient été soumises aux rayons bêta et gamma. Presque toutes avaient péri – mais pas toutes. Les radiations avaient entraîné des mutations à tous les échelons, aussi bien chez les végétaux que chez les insectes ou les autres animaux. Le proces-

---

1. Perceuses.
2. Outils servant à creuser.
3. Qui vivent le jour.

sus normal de mutation et de sélection naturelle avait fait un bond de plusieurs millions d'années en quelques secondes.

Cette descendance altérée[1], cette horde innombrable et rampante de créatures saturées de radiations[2], s'était répandue sur Terre. Dans ce monde nouveau, seules survivaient les espèces capables de puiser leur subsistance[3] dans le sol irradié et de respirer l'air chargé de particules ; celles qui pouvaient encore habiter une planète dont la surface avait été tellement irradiée qu'elle en continuait à briller la nuit.

Tout en avançant dans la jungle fumante, contraint de carboniser les plantes grimpantes et rampantes en maniant adroitement l'éclateur, Trent réfléchissait avec mélancolie à cette situation. La plus grande partie des océans avait été vaporisée. Depuis, ils ne cessaient de retomber en pluies abondantes et tièdes qui venaient inonder les terres. La nature qui entourait Trent était elle-même toute chaude et détrempée, et elle regorgeait d'êtres vivants. Partout de petites bêtes déguerpissaient[4] en faisant bruire[5] la végétation. Son éclateur bien en main, il poursuivit sa progression.

Le soleil déclinait. Bientôt il ferait noir. Une enfilade de collines dentelées pointait dans le ciel crépusculaire[6] nimbé[7] de lumière violette. Le coucher de soleil serait magnifique, avec toutes ces particules restées en suspension dans l'air depuis la première explosion, des siècles auparavant.

Il s'arrêta pour le contempler. Il avait beaucoup marché. Il était fatigué – et découragé.

---

1. Détériorée, changée.
2. Qui contiennent une quantité maximale de rayonnements radioactifs.
3. Ce qui est nécessaire à leur survie.
4. Fuyaient.
5. Frémir, murmurer.
6. Du soir.
7. Auréolé, entouré.

Les géants à peau bleue et cornée constituaient une tribu mutante typique. On les appelait les *crapauds* à cause de leur peau, qui évoquait celle des crapauds cornus du désert. Grâce à leurs viscères[1] adaptés aux végétaux et à l'air irradiés, ils survivaient sans peine dans un monde où lui-même ne pouvait évoluer qu'en tenue protectrice plombée, équipé d'une visière polarisée, d'un réservoir à oxygène et de rations alimentaires non contaminées, spécialement produites à la Mine.

À propos… c'était le moment de les rappeler. Il activa son transmetteur. « Trent au rapport », fit-il.

Il humecta ses lèvres desséchées. Il avait faim et soif. Peut-être trouverait-il quelque part un endroit relativement peu contaminé, épargné par les radiations. Histoire d'enlever sa combinaison un quart d'heure et de se laver un peu, d'éliminer la sueur et la crasse.

Deux semaines qu'il marchait ainsi, enfermé dans cette combinaison étanche rappelant les scaphandres autonomes d'antan[2]. Alors que tout autour de lui une infinité d'espèces vivantes détalaient et bondissaient librement, sans se soucier des nappes radioactives mortelles pour lui.

« Ici la Mine, répondit la petite voix métallique.

– Je suis lessivé ; ça suffira pour aujourd'hui. Je m'arrête pour me reposer et manger. Je m'y remets demain.

– Rien trouvé ? fit la voix, lourde de déception.

– Rien. »

Silence. Puis : « Bon, ce sera peut-être pour demain.

– Peut-être. J'ai rencontré les membres d'une tribu de *crapauds*. Deux jeunes mâles très gentils, deux mètres vingt de haut, ajouta Trent avec amertume. Ils se promènent en chemise et en pantalon. Et pieds nus. »

1. Organes.
2. D'autrefois.

Mais ce n'était pas à eux que son interlocuteur s'intéressait.

« Je vois. Les veinards, quoi. Bon, eh bien, dormez et rappelez-moi demain matin. Nous avons eu des nouvelles de Lawrence.

– Où est-il ?

– Plein ouest. Dans la région de l'Ohio.

– Et qu'est-ce que ça donne ?

– Des tribus de rouleurs, des insectoïdes, et aussi cette espèce souterraine qui sort la nuit – vous savez, ces *choses* blanches et aveugles.

– Les vers.

– C'est ça. Mais rien d'autre. À quand votre prochain rapport ?

– Demain », répondit Trent. Puis il coupa la communication et remit le transmetteur à sa ceinture.

Demain… Dans l'obscurité grandissante, il observa les lointaines collines. Il y avait cinq ans que cela durait. Et c'était toujours pour *demain*. Il était le dernier en date d'une longue succession d'hommes envoyés au dehors avec de précieux réservoirs d'oxygène, des rations nutritives et un éclateur. Le dernier à épuiser leurs ultimes ressources dans une exploration inutile de la nature extérieure.

Demain ? Viendrait un lendemain, bientôt peut-être, où il n'y aurait plus ni oxygène, ni rations, car pompes et compresseurs auraient complètement cessé de fonctionner. En panne pour de bon. La Mine serait morte, silencieuse. À moins qu'on n'établisse très vite un contact.

Il s'accroupit et entreprit de promener son compteur à radiations au-dessus du sol pour trouver un endroit pas trop contaminé où se déshabiller. Puis il s'endormit comme une masse.

« Regarde-le », dit une voix ténue et lointaine.

Trent reprit brutalement conscience et se força à s'éveiller tout à fait, tâtonnant déjà pour saisir son éclateur. C'était le matin. Un soleil grisâtre s'insinuait à travers les branchages. Autour de lui bougeaient des formes indistinctes.

L'éclateur... il avait disparu !

Trent se redressa, à présent bien réveillé. Les formes n'étaient que très vaguement humaines. C'était l'espèce appelée « insectoïdes ».

« Où est mon arme ? demanda-t-il.

– Du calme. » Un insectoïde s'avança, suivi par les autres. Il faisait froid. Trent frissonna. Il se remit tant bien que mal debout tandis que les créatures l'encerclaient. « On va vous la rendre.

– Je la veux tout de suite. » Il se sentait tout raide et transi[1]. Il coiffa son casque et boucla sa ceinture. Il était secoué de tremblements de la tête aux pieds. De grosses gouttes gluantes ruisselaient des feuilles et des plantes grimpantes. Sous ses pieds le sol était meuble[2].

Les créatures conféraient[3] entre elles ; au nombre d'une dizaine. De bien étranges créatures, qui évoquaient davantage les insectes que les hommes. Elles étaient dotées d'une carapace chitineuse[4] épaisse et luisante, d'yeux à facettes et d'antennes vibratiles[5] constamment en mouvement qui leur servaient à détecter les radiations.

Mais les insectoïdes n'étaient pas parfaitement protégés pour autant. Ils ne résistaient pas aux fortes doses. S'ils survivaient, c'était autant grâce à leur immunité partielle que par le repérage des endroits à éviter. Ils s'alimentaient de manière indirecte, en faisant préalablement digérer la nourriture par de petits animaux à sang chaud dont ils récupéraient les matières fécales[6], débarrassées des particules radioactives.

---

1. Engourdi.
2. Mouvant, instable.
3. Discutaient.
4. D'une matière résistante et souple comme la carapace des crustacés.
5. Qui vibrent.
6. Excréments.

« Vous êtes un humain », constata un des insectoïdes d'une voix perçante, métallique. Ces créatures étaient asexuées – du moins celles qu'il avait devant lui. Il en existait deux autres types : les bourdons mâles, et les Mères. Celles-ci étaient les guerrières, dont le genre était neutre ; elles étaient armées de pistolets et de machettes.

« C'est exact, acquiesça Trent.

– Que faites-vous ici ? Vous êtes plusieurs ?

– Oui, assez nombreux. »

Les insectes s'entretinrent à nouveau en agitant frénétiquement leurs antennes. Trent attendit. La jungle s'éveillait. Il regarda une masse gélatineuse et translucide monter dans un arbre puis se perdre au milieu des branches ; à l'intérieur, un mammifère à moitié digéré. Quelques phalènes[1] aux couleurs ternes voletaient çà et là. Les feuilles bruissaient à mesure que les créatures souterraines s'enfouissaient dans le sol afin de se soustraire à la lumière.

« Venez avec nous », dit un insecte. Il poussa Trent en avant.

« Allons-y. »

Trent les rejoignit à contrecœur et ils empruntèrent un étroit sentier récemment taillé à la hache mais où la nature reprenait déjà ses droits en étendant partout ses épais tentacules végétaux.

« Où allons-nous ? demanda Trent.

– À la Fourmilière.

– Pourquoi ça ?

– Vous verrez bien. »

En regardant marcher à grands pas ces insectoïdes brillants, Trent eut peine à croire qu'ils avaient jadis été humains. Du moins leurs ancêtres.

---

1. Papillons.

Pourtant, malgré leur physiologie[1] considérablement altérée, mentalement, ils n'étaient pas très différents de lui. Leur mode de vie tribal[2] se rapprochait des types de sociétés humaines tels que le communisme ou le fascisme.

« Puis-je vous poser une question ? dit Trent.

– Laquelle ?

– Est-ce que je suis votre premier humain ? Il n'y en a plus ici ?

– Non.

– Avez-vous entendu parler de colonies humaines, où que ce soit ?

– Pourquoi ?

– Simple curiosité, dit Trent d'une voix sèche.

– Vous êtes le seul. » L'insectoïde en question avait l'air satisfait. « On aura une prime pour votre capture. Une récompense officielle est prévue. Personne n'a jamais pu la toucher. »

Ici aussi on avait besoin d'un humain. Un humain pouvait apporter une *gnosis*, précieuse des bribes de tradition que les mutants voulaient incorporer à leurs structures sociales branlantes. Leurs sociétés étaient encore instables. Il leur fallait un contact avec le passé. Un être humain, c'était un chaman[3], un Sage susceptible d'enseigner, d'instruire. D'apprendre aux mutants ce qu'avait été la vie autrefois, comment leurs ancêtres avaient vécu, agi, à quoi ils ressemblaient.

C'était donc un bien précieux pour une tribu – surtout s'il n'existait aucun autre humain dans la région.

Trent jura violemment. *Aucun ?* Il n'y avait donc plus personne ? Il *fallait bien* qu'il y ait d'autres humains, tout de même. Quelque part.

---

1. Apparence physique, constitution physique.
2. En tribus.
3. Sorcier qui communique avec les esprits.

Sinon au nord, alors peut-être à l'est. En Europe, en Asie, en Australie. Dans une quelconque contrée du globe. Des humains qui possédaient des outils, des machines, du matériel. La Mine ne pouvait pas être la seule colonie humaine, la dernière manifestation de l'homme originel. Une curiosité hautement appréciée, dont l'existence serait fatalement compromise le jour où les compresseurs rendraient l'âme et où les bacs à nourriture seraient épuisés.

Si Trent ne trouvait pas très vite ce qu'il cherchait…

Tout à coup, les insectoïdes firent halte, les sens en éveil. Les mouvements de leurs antennes exprimaient la suspicion.

« Que se passe-t-il ? demanda Trent.

– Rien. » Ils se remirent en route. « Pendant un moment on aurait dit que… »

Un éclair. Les insectoïdes en tête de file se volatilisèrent. Une vague lumineuse passa en rugissant au-dessus des autres.

Trent s'étala et se débattit contre les plantes rampantes et les herbes gluantes de sève. Autour de lui les insectoïdes luttaient farouchement contre de petites créatures velues qu'ils prenaient à bras-le-corps en se contorsionnant, mais qui ripostaient rapidement et efficacement au moyen d'armes de poing ; lorsqu'elles étaient suffisamment près, elles leur expédiaient des ruades meurtrières avec leurs grandes pattes arrière.

Des *coureurs*.

Les insectoïdes étaient en train de perdre. Ils battaient en retraite et s'éparpillaient dans la nature. Les coureurs les poursuivirent en bondissant comme des kangourous. Le dernier insectoïde prit la fuite et le bruit cessa.

« Stop ! ordonna un sauteur en reprenant son souffle et en se redressant. Où est l'humain ?

– Ici », dit Trent en se remettant lentement debout.

Les coureurs l'aidèrent à se relever. Ils étaient petits (pas plus d'un mètre vingt), gras et ronds, avec un épais pelage. Ils levaient vers lui de petits visages bon enfant[1] à l'expression inquiète. Ils avaient des yeux de fouine, des narines frémissantes et des grandes pattes de kangourou.

« Ça va ? questionna l'un d'eux en lui tendant son bidon d'eau.

– Ça va, répondit Trent en repoussant le bidon. Ils ont pris mon éclateur. »

Les coureurs entreprirent des recherches alentour, mais l'arme demeura introuvable.

« Tant pis. » Trent secoua la tête avec lassitude, essayant de rassembler ses esprits. « Qu'est-il arrivé ? Cette lumière... ?

– Une grenade. » Les coureurs s'enflèrent de fierté. « Nous avons tendu en travers du sentier un fil relié à la goupille.

– Les insectes contrôlent la majeure partie de cette zone, renchérit un autre. Nous sommes obligés de nous battre pour la traverser. » Il avait une paire de jumelles autour du cou. Les coureurs étaient armés de pistolets à projectiles et de couteaux.

« Vous êtes vraiment un être humain ? demanda l'un d'eux. De la souche originelle ?

– En effet », répondit Trent d'un ton mal assuré.

Les coureurs parurent saisis de crainte respectueuse. Leurs yeux s'ouvrirent tout grands. Ils touchèrent sa combinaison, la visière de son casque, son réservoir d'oxygène, son paquetage.

« D'où venez-vous ? questionna le chef de sa voix grave et ronronnante. Nous n'avions plus vu d'humain depuis des mois. »

---

1. Gentils.

Trent fit volte-face. « *Des mois ?* fit-il d'une voix étranglée. Mais alors…

– Pas par ici. Nous venons du Canada. Près de Montréal. Il y a une colonie humaine là-bas. »

Le souffle de Trent s'accéléra. « À combien de jours de marche ?

– Pour nous, deux. Mais nous avançons vite. » Le coureur regarda d'un air dubitatif les jambes de Trent engoncées dans leur étui de métal. « Pour vous, ça devrait prendre plus longtemps. »

Des humains ! Une colonie humaine ! « Combien sont-ils ? Est-ce un campement important ? Et leur niveau technologique ?

– Je m'en souviens mal. Je n'y suis allé qu'une fois. C'est souterrain – il y a des étages superposés divisés en cellules. Nous leur avons échangé des végétaux non contaminés contre du sel. C'était il y a longtemps.

– Mais ça marche bien pour eux ? Ils ont des machines, des outils, des compresseurs ? Des bacs à nourriture ? »

Le coureur se tortilla avec embarras. « En fait, ils n'y sont peut-être plus. »

Trent se figea. La peur le transperça comme un coup de poignard. « Comment ça ? Que voulez-vous dire ?

– Il se peut qu'ils soient partis.

– Partis où ? fit Trent d'une voix blanche. Que leur est-il arrivé ?

– Je ne sais pas, répondit le coureur. Je ne sais pas ce qui leur est arrivé. Personne ne le sait. »

Il continua son chemin en remontant le plus vite possible vers le nord. La jungle céda la place à une glaciale forêt de hautes fougères où régnait un silence absolu.

Il était épuisé. Et il ne restait plus qu'un tube d'oxygène dans le réservoir. Ensuite il lui faudrait ouvrir son casque. Combien de temps survivrait-il ? À la première pluie, les particules mortelles se déposeraient dans ses poumons. Ou à la première bourrasque venue de l'océan.

Il s'arrêta, à bout de souffle. Au terme d'une ascension interminable, il avait atteint le sommet d'une hauteur. Devant lui s'étendait à présent une vaste plaine boisée d'un vert si sombre qu'il en devenait presque brun. Çà et là brillaient des taches blanches. Des ruines non identifiables. Il y avait eu là une ville humaine, trois siècles plus tôt.

Rien ne bougeait. Aucun signe de vie nulle part.

Trent descendit vers la plaine. Autour de lui, la forêt demeurait muette. Le silence était oppressant, lugubre. On n'entendait même pas les petits bruits habituels des animaux détalant dans le sous-bois. Manifestement, toutes les espèces vivantes avaient disparu de la région. La plupart des coureurs avaient émigré vers le sud. Les autres avaient probablement péri. Mais les hommes ?

Il parvint au niveau des ruines. C'étaient les restes d'une grande ville. Les hommes avaient dû s'y réfugier dans les abris, les galeries de mines et les tunnels du métro. Plus tard, ils avaient agrandi leur gîte souterrain. Pendant trois siècles, les hommes – les hommes d'origine – avaient tenu bon sous la surface. Ils avaient revêtu des tenues protectrices pour sortir, fait pousser des aliments en bacs, filtré leur eau, purifié leur air avec des compresseurs antiparticules et protégé leurs yeux de l'éclat excessif du soleil.

Et de tout cela il ne restait plus rien.

Il prit son transmetteur. « Allô, la Mine ? fit-il d'une voix brusque. Ici Trent. »

Le transmetteur crachota faiblement. Un long moment s'écoula avant que la réponse n'arrive. La voix de son correspondant était lointaine, presque inaudible au milieu des parasites. « Alors ? Vous les avez trouvés ?

– Ils ne sont plus là.

– Mais pourtant…

– Il n'y a plus rien ni personne. Tout est complètement abandonné. » Trent s'assit sur un bloc de béton brisé. Il était à bout. Vidé de ses forces. « Ils étaient encore là il y a peu. Les ruines ne sont pas recouvertes. Ils ont dû partir il y a quelques semaines.

– Ça n'a pas de sens. Mason et Douglas sont en route. Douglas a le tracteur. Il devrait être là dans un jour ou deux. Combien de temps durera votre oxygène ?

– Vingt-quatre heures.

– Nous lui dirons de faire vite.

– Je suis désolé de ne pas avoir de meilleures nouvelles à annoncer. » Sa voix était empreinte d'amertume. « Après toutes ces années… Dire que pendant tout ce temps ils étaient là et que nous arrivons trop tard…

– Des indices ? Une idée de ce qu'ils ont pu devenir ?

– Je vais chercher. » Il se remit debout avec lourdeur. « Si je trouve quelque chose, je vous rappelle.

– Bonne chance. » La voix ténue[1] se perdit dans les crépitements. « Nous attendons. »

Trent leva les yeux vers le ciel gris. C'était le soir – presque la nuit déjà. La forêt était sinistre, menaçante même. La neige tombait silencieusement, recouvrant d'une fine couche blanc sale la végétation brunie. Une neige mêlée de particules, cette poussière mortelle qui continuait de retomber après trois cents ans.

Il actionna le projecteur intégré à son casque. Le faisceau lumineux livide ouvrit une tranchée devant lui, entre les arbres, les piliers de béton affaissés et les amas de scories[2] rouillées. Il entra dans le champ de ruines.

---

1. À peine perceptible.

2. Résidus solides d'éléments issus de la fusion de minerais métalliques ou de la combustion de matériaux.

Au centre, il trouva les tours et les équipements. Il y avait notamment de hauts piliers enserrés dans un maillage d'échafaudages métalliques montrant encore des traces d'irradiation ; mais aussi des tunnels s'ouvrant au ras du sol telles des flaques noires. Des tunnels silencieux, désertés. Il en éclaira un en se penchant au-dessus de l'orifice. Il s'enfonçait profondément vers le cœur de la terre. Mais il était vide.

Où étaient-ils allés ? Qu'était-il advenu d'eux ? Trent se mit à déambuler, découragé. Des êtres humains avaient habité, travaillé, survécu ici. Ils étaient montés de temps en temps à la surface. Il voyait au milieu des tours leurs véhicules fouisseurs[1] que la neige nappait[2] de gris. Oui, ils étaient sortis des tunnels et… ils étaient partis.

Mais où ?

Il se rassit à l'abri d'un pilier à demi effondré et mit en marche le chauffage de sa combinaison ; celle-ci tiédit progressivement en s'emplissant d'une bonne lueur rouge qui le réconforta. Un coup d'œil au compteur. La zone était très irradiée. S'il voulait manger et boire, il lui faudrait pousser plus loin.

Mais il était trop fatigué pour se remettre en route. Il resta là à se reposer, tassé, avec son projecteur qui dessinait un rond de lumière sur la neige. Les flocons se déposaient silencieusement sur lui, le transformant en forme grise aussi immobile que les tours et les échafaudages.

Il s'assoupit. Son système de chauffage bourdonnait doucement. Le vent se leva et fit tourbillonner la neige, qui vint l'envelopper. Il se laissa aller en avant jusqu'à ce que son casque vienne reposer contre le béton.

Vers minuit, il s'éveilla. Subitement sur le qui-vive[3], il se rendit compte qu'il avait perçu un bruit. Il tendit l'oreille.

---

1. Faits pour creuser.
2. Recouvrait.
3. Sur ses gardes.

Très loin s'élevait un grondement sourd.

Douglas et le véhicule ? Non, il était trop tôt. Il se leva ; la couche de neige qui s'était amassée sur lui glissa à terre. Le grondement se précisait. Son cœur se mit à battre à grands coups. Il pivota, balayant les ténèbres de son faisceau lumineux.

Le sol trembla sous ses pieds et la vibration se communiqua à son corps tout entier, jusqu'à faire tinter son réservoir à oxygène presque vide. Alors il leva les yeux au ciel… et hoqueta de surprise.

Une traînée rougeoyante rayait le ciel ; elle incendiait les premières lueurs de l'aube en s'enflant à chaque seconde. Il la suivit du regard, bouche bée.

Cela s'apprêtait à atterrir. Touchait terre.

Une fusée.

La coque de métal étirée scintillait dans le soleil matinal. Des hommes s'affairaient à charger des vivres et des équipements divers. Des wagonnets autotractés s'engouffraient dans les tunnels pour en ressortir pleins de matériel en provenance des souterrains et les déposer au pied du vaisseau en attente. Bien protégés par leur combinaison et leur casque, les hommes travaillaient avec précision et efficacité.

« Combien êtes-vous, dans votre Mine ? » demanda Norris avec douceur.

« Environ une trentaine. » Trent ne quittait pas le vaisseau des yeux. « Trente-trois, en comptant ceux qui sont dehors.

– Dehors ?

– En mission de recherche comme moi. Il y en a deux autres qui doivent me rejoindre ce soir ou demain. »

Norris prit quelques notes. « Nous pouvons emmener une quinzaine de personnes cette fois-ci. Le reste devra attendre le voyage suivant. Ils peuvent tenir encore une semaine ?

– Oui. »

Norris le dévisagea avec curiosité. « Comment avez-vous réussi à nous trouver ? Ça fait loin, depuis la Pennsylvanie. Ceci est notre dernière escale. Si vous étiez arrivé deux jours plus tard…

– Ce sont des coureurs qui m'ont envoyé par ici. Ils disaient que vous étiez partis, mais ne savaient pas où. »

Norris éclata de rire. « Nous ne le savions pas non plus.

– Vous emportez bien toute cette cargaison quelque part. Ce vaisseau… il est vieux, n'est-ce pas ? Il a été bricolé.

– Au départ c'était une espèce de bombe. Nous l'avons repérée et remise en état. Nous n'étions pas sûrs de ce que nous voulions en faire. Aujourd'hui encore nous ne le savons pas très bien. Mais ce qui est certain, c'est que nous devons partir.

– Vous voulez dire quitter la Terre ?

– Bien entendu. » Norris l'invita à l'accompagner et se dirigea vers le vaisseau. Tous deux gravirent la passerelle d'accès menant à l'une des écoutilles[1]. Norris montra du doigt les hommes qui s'activaient au-dessous d'eux. « Regardez. »

Ils avaient presque fini. Les derniers wagonnets n'étaient qu'à moitié pleins ; ils remontaient les ultimes vestiges de cette société souterraine. Livres, disques, tableaux, objets manufacturés… les restes de toute une civilisation, multitude de spécimens représentatifs, embarqués dans la soute pour partir loin de la Terre.

« Alors, où ? questionna Trent.

– Pour l'instant, sur Mars. Mais nous n'y resterons pas. Nous irons probablement plus loin, vers les satellites de Jupiter et de Saturne.

1. Ouvertures qui permettent l'accès aux étages inférieurs.

Ganymède[1] peut se révéler habitable. Et si ce n'est pas Ganymède, ce sera un des autres. Au pire, nous pourrons toujours rester sur Mars. C'est un monde aride et stérile[2], mais au moins, il n'est pas radioactif.

– Il n'y a donc plus aucune chance ici ? Aucune possibilité de reconquérir les zones radioactives ? Si on pouvait purifier l'atmosphère de la Terre, neutraliser les nuages de particules et…

– Si nous faisions ça, dit Norris, ils mourraient tous.

– Qui ça, “ils” ?

– Les rouleurs, les coureurs, les vers, les crapauds, les insectoïdes et ainsi de suite. Les innombrables variétés adaptées à *cette* Terre-ci – cette Terre irradiée. Ces végétaux, ces animaux métabolisent les métaux radioactifs. À la base, la vie se fonde sur l'assimilation de ces mêmes sels métalliques radioactifs qui, pour nous, représentent un danger mortel.

– Mais tout de même…

– La vérité est que nous ne sommes plus chez nous ici.

– C'est pourtant nous qui sommes les véritables humains, objecta Trent.

– Non, plus maintenant. La Terre est vivante, elle regorge d'espèces variées qui pullulent en se développant dans toutes les directions. Nous, nous ne sommes qu'une forme de vie parmi d'autres, mais archaïque. Pour rester ici, il nous faudrait rétablir les conditions, l'équilibre d'il y a trois cent cinquante ans. Une entreprise colossale. Et si nous y parvenions, si nous réussissions à nettoyer la Terre, tout cela disparaîtrait. » Norris désigna d'un geste ample les grandes forêts brunes puis, plus loin au sud, la jungle qui s'étendait sans discontinuer jusqu'au détroit de Magellan[3].

---

1. Satellite naturel de Jupiter.
2. Sec et sans végétation.
3. Détroit situé au sud du Chili.

« En un sens c'est ce que nous méritons. C'est *nous* qui avons amené la guerre. *Nous* qui avons changé la Terre. Car nous ne l'avons pas détruite – nous l'avons *changée*. Nous l'avons rendue si différente qu'il nous est devenu impossible d'y vivre. »

Il pointa un doigt en direction des files d'hommes casqués qui suaient dans leurs pesantes combinaisons plombées alternant couches métalliques et circuits électriques, des hommes bardés de compteurs à radiations et de réservoirs à oxygène, chargés de boucliers protecteurs, de bidons d'eau filtrée et de tablettes nutritives. « Vous voyez ? À quoi ça ressemble, hein ? »

Un des hommes sortit du vaisseau en haletant. L'espace d'une seconde, il releva sa visière et inspira hâtivement ; puis il la rabattit et la verrouilla avec nervosité. « Le chargement est terminé, monsieur, dit-il. Tout y est.

– Changement de programme, annonça Norris. Nous allons attendre l'arrivée des compagnons de cet homme. Un jour de plus ne fera pas de différence.

– Bien monsieur », dit l'homme en redescendant à terre, étrange avec sa combinaison au casque proéminent et au harnachement inextricable.

« Nous sommes des visiteurs, reprit Norris.

– *Quoi ?* sursauta Trent.

– Oui, des visiteurs sur une planète qui n'est pas la nôtre. Regardez-nous. Pour l'explorer, nous sommes obligés de nous protéger, de porter des combinaisons spatiales. Nous sommes l'équipage d'une fusée qui s'est posée sur un monde étranger où il ne peut survivre. Nous y faisons brièvement halte, le temps de recharger, avant de repartir.

– Sans enlever nos casques, commenta Trent d'une voix bizarre.

– C'est cela. En nous entourant de plomb. En nous munissant constamment de compteurs et de réserves spécialement conçues. Tenez, regardez là-bas. »

Un petit groupe de coureurs observait avec un respect visible le grand vaisseau luisant. Sur la droite, on distinguait entre les arbres un village de coureurs. Avec des cultures dessinant une espèce d'échiquier sur le sol, des enclos pour animaux et des maisons en planches.

« Ce sont eux les indigènes, poursuivit Norris. Les véritables habitants de la planète. Eux peuvent en respirer l'air, en boire l'eau, en manger les produits végétaux. Pas nous. C'est leur planète – pas la nôtre. Eux peuvent vivre ici, y fonder une société.

– J'espère que nous pourrons revenir, dit Trent, songeur.

– Revenir ?

– En visite… un jour. »

Norris sourit tristement. « Moi aussi. Mais il faudra que nous obtenions la permission des habitants – la permission d'atterrir. » Ses yeux brillants d'amusement prirent tout à coup une expression douloureuse. « Il faudra leur demander si ça ne les dérange pas. Et il se peut qu'ils répondent *non*. Il se peut qu'ils ne veuillent pas de nous. »

Philip K. Dick, « Planète pour hôtes de passage », traduction française d'Alain Dorémieux révisée par Hélène Collon

Après-texte

POUR COMPRENDRE

GROUPEMENT : TEXTES ET IMAGE

INFORMATION/DOCUMENTATION

Lire

Alphonse Daudet, « Wood'stown »

1 P. 10, l. 7-20 : de quelles manières les hommes tentent-ils de supprimer la forêt ?

2 P. 10, l. 15-20 : la forêt se laisse-t-elle faire ? Relevez deux termes qui le montrent.

3 P. 10, l. 20-22 : par quoi les hommes sont-ils aidés pour venir à bout de la forêt ? Commentez.

4 P. 11, l. 33-40 : quel sentiment éprouve la forêt ? Expliquez-le.

5 Remettez dans l'ordre chronologique les étapes de la reconquête forestière en les numérotant de 1 à 5.

- [...] Une mousse verte recouvre la ville.
- [...] La végétation envahit les appartements.
- [...] Le bois des meubles craque.
- [...] Les lianes envahissent les rampes d'escaliers.
- [...] Les murs et les planchers se gonflent.

6 P. 13-14, l. 74-104 : relevez des mots du champ lexical de la guerre.

7 P. 13, l. 79-83 : expliquez pourquoi les premières armes des hommes sont devenues inutiles.

8 Qui sont les alliés de la forêt ? En quoi leur apparition signale-t-elle déjà la défaite des hommes ?

9 P. 11-14, l. 41-114 : étudiez l'évolution de la réaction des hommes.

10 Montrez que cette nouvelle appartient au registre fantastique.

Jean Giono, « L'homme qui plantait des arbres »

11 P. 16-17, l. 17-49 : comment qualifieriez-vous le paysage qui s'offre à la vue du narrateur ? Relevez des mots et expressions qui le prouvent.

12 Quelle est la relation d'Elzéard Bouffier avec son environnement ?

13 P. 23, l. 184 : « La création avait l'air [...] de s'opérer en chaînes. » Expliquez comment la nature prend le relais d'Elzéard Bouffier.

14 P. 24, l. 221 : « forêt naturelle ». Commentez cette expression. Comment les chasseurs et le garde forestier réagissent-ils ?

15 P. 16-17 et p. 27-28 : comparez Vergons avant et après l'action d'Elzéard Bouffier.

Étude de la langue

16 P. 10, l. 9-10 : quelle figure de style est utilisée pour parler de la forêt ?

17 Reliez les passages suivants à la figure de style identifiée.

« comme des cierges » (p. 10, l. 18)	•	•	métaphore
« ses halles, ses églises, ses écoles » (p. 11, l. 25)	•	•	comparaison
« un squelette de village » (p. 17, l. 22)	•	•	énumération

18 P. 20, l. 100-104 : délimitez par des crochets les différentes propositions et indiquez leur nature (indépendante, principale, subordonnée).

19 P. 14-15, l. 120-124 : dans le tableau suivant, relevez et classez les différentes expansions des noms indiqués.

Nom	Adjectif qualificatif épithète	GN prépositionnel complément du nom	Proposition subordonnée relative
nuées			
papillons			
rivière			
navire			
arbres			

Écrire

20 P. 12, l. 67 : « Cela devenait inquiétant. » Racontez, du point de vue d'un habitant de Wood'stown, les changements qu'il perçoit et les émotions qu'il ressent en découvrant la ville transformée un jour à son réveil.

21 P. 14, l. 111-112 : « les navires neufs semblaient des îlots de verdure ». Décrivez la métamorphose des bateaux.

22 Le maire de Vergons, quelques mois après la mort d'Elzéard Bouffier, décide de donner son nom à une rue. Écrivez le discours qu'il prononce devant les habitants du village.

Chercher

23 « Lazare » (p. 27, l. 301), « Canaan » (p. 28, l. 322), « Babel » (p. 32, l. 73) : expliquez ces références bibliques.

À SAVOIR

LA NOUVELLE ET SES CARACTÉRISTIQUES

La nouvelle est un **court texte narratif**. Par sa brièveté, elle est nécessairement centrée sur un **nombre restreint de personnages**, dont on développe peu le portrait. L'intrigue, elle aussi, est limitée à **une action principale** (la revanche de la forêt dans Wood'stown, la vaine quête de Trent chez K. Dick…). Dans la nouvelle, le récit fait souvent la part belle au **dialogue** (cf. Asimov, K. Dick), récit qui peut être complété par les **discours explicatif et argumentatif**.
La nouvelle peut avoir une **fin brutale et inattendue, appelée « chute »**, qui permet au lecteur, surpris, de réinterpréter l'histoire.

DES INDIVIDUS EXTRAORDINAIRES

PAGES 16 À 28 ET PAGES 56 À 78

Lire

Jean Giono, « L'homme qui plantait des arbres »

1 Quelles sont les qualités d'Elzéard Bouffier, selon le narrateur ?

2 De quelle manière agit-il pour la planète ? Pourquoi le fait-il ?

3 P. 27-28, l. 304-326 : quel est l'impact de l'action d'Elzéard Bouffier ?

Isaac Asimov, « 2430 »

4 P. 59 : qu'est-ce qui oppose Cranwitz à Alvarez et Bunting ? Que possède-t-il de gênant pour eux ?

5 P. 59-61, l. 95-133 : quels sont les arguments de Cranwitz pour défendre sa cause ? Relevez-les et reformulez-les.

6 Que répond Alvarez à chacun des arguments de Cranwitz ? Ses arguments sont-ils tous pertinents ? Expliquez.

7 P. 65, l. 247 : « vous êtes un idéaliste ». Quel est l'idéal de Cranwitz ?

8 P. 65-67 : quelle décision Cranwitz prend-il finalement ? Reconstituez la chronologie des différentes étapes en les numérotant de 1 à 5.

[...] Cranwitz compte ses animaux.

[...] Cranwitz caresse son cochon d'Inde.

[...] Cranwitz se suicide au gaz.

[...] Cranwitz veut passer une dernière journée avec ses animaux.

[...] Cranwitz empoisonne le sol et asphyxie les animaux.

9 P. 65, l. 239-240 et 258 : quelle trace restera-t-il de Cranwitz dans l'avenir ? Cela correspond-il à la réalité du dialogue entre les trois hommes ?

Pierre Bordage, « Les duniers »

10 P. 70 : pourquoi Inguat, le vieux dunier, est-il toujours affecté dans la zone nord, si inhospitalière, après tant d'années de service ? Qu'est-ce que cela indique sur son caractère ?

11 P. 71-72, l. 73-118 : quelle est l'opinion d'Inguat au sujet des volters ? Comment agit-il avec eux ?

12 Quelle est l'influence d'Inguat sur Botrik ?

13 Commentez l'attitude de Botrik quand il rencontre un groupe de volters.

14 Qui est Jonaz ? Quelle est son activité ?

15 P. 78, l. 249-250 : que dire de l'alliance des trois mots « clandestinité », « complicité » et « humanité » ?

Étude de la langue

16 P. 25, l. 247 : « un athlète de Dieu ». Recherchez l'étymologie du mot « athlète » et expliquez cette métaphore désignant Elzéard Bouffier.

17 P. 75, l. 173-178 : réécrivez ce passage en passant du discours direct au discours indirect.

Écrire

18 Quel personnage de ces trois nouvelles vous a le plus touché ? Présentez-le en quelques mots puis expliquez vos raisons.

19 Rédigez un article de journal consacré à Elzéard Bouffier. Après une brève présentation du personnage, vous relaterez son action avant de lui poser trois questions auxquelles il répondra.

Chercher

20 P. 24, l. 215 : un « caractère exceptionnel ». Cherchez des informations pour présenter la vie d'une personnalité hors du commun.

Oral

21 Débat : pensez-vous que les actions humaines ont un impact sur notre monde ?

À SAVOIR

LE TEXTE NARRATIF : POINT DE VUE, CHRONOLOGIE ET RYTHME

Un récit est mené par un **narrateur**. C'est par le regard qu'il pose sur l'histoire que le lecteur est plus ou moins informé sur les actions, les décors, les pensées des personnages. Il existe **trois points de vue** :

– **externe** : le narrateur, extérieur à l'histoire, se contente de consigner les actions et les dialogues ;

– **interne** : l'action est perçue à travers un personnage-narrateur (utilisation de « je », indications de pensées, perceptions et émotions des personnages) comme dans « L'homme qui plantait des arbres » et « Bas les masques » ;

– **omniscient** : le narrateur, souvent extérieur à l'histoire, sait tout de l'intrigue et des personnages (ex. : « L'asphalte », « Les duniers »).

Quand un récit suit l'**ordre chronologique des actions**, il est dit « **linéaire** ». Mais la plupart des narrations connaissent des **perturbations de la chronologie**, sous la forme de **retours en arrière** (p. 85-86, l. 173-182) ou d'**anticipations**. La narration suit également son propre rythme, mesurable par la différence entre le temps de l'histoire et le temps de la narration. On peut ainsi **ralentir** la fiction par une **pause** (descriptive, explicative) ou par une **scène** (développement d'un dialogue qui épouse le temps *vécu* par les personnages, comme dans « 2430 », p. 58-65, l. 64-259). L'**accélération** d'un récit est également possible : une **ellipse** effectue un saut dans le temps (p. 21, l. 143 ; p. 73, l. 141) ; un **sommaire** résume l'histoire en quelques actions.

Lire

Sylvain Tesson, « L'asphalte »

1 Quel problème touche le village de Tsalka ? Expliquez.

2 P. 32-34 : de quelle manière Édolfius cherche-t-il à faire changer la situation ?

3 P. 35, l. 154-155 : « Lui aussi savait que les pistes de poussière sont à sens unique ». Expliquez cette phrase.

4 Quelles sont les raisons d'Édolfius pour faire venir l'asphalte à Tsalka ? Cochez les bonnes réponses :

- ☐ Il en a assez de respirer la poussière de la route.
- ☐ Il veut aller plus vite à la mer.
- ☐ Il veut un meilleur avenir pour ses filles.
- ☐ Il veut que les rues ne soient plus pleines de boue.

5 P. 37 : qui sont les opposants au projet d'Édolfius ? Que craignent-ils ?

6 P. 38, l. 218-234 : quels sont les arguments les plus convaincants pour le maire de Tsalka ?

7 P. 43 : peut-on parler de progrès pour Édolfius et les habitants de Tsalka ?

8 Quel malheur arrive à Édolfius ? Qui rend-il responsable ? Quelle est l'ironie tragique de la fin ?

Isaac Asimov, « 2430 »

9 P. 64 : quel mot est employé à plusieurs reprises pour exprimer le but à atteindre par l'humanité ? Quelle différence faites-vous entre ce mot et le mot « progrès » ?

10 P. 59, l. 90-93 : expliquez quel but a été atteint.

11 En quoi Cranwitz est-il un obstacle ?

12 P. 60, l. 109-110 : quelle est la source principale des connaissances des habitants de la Terre ? Quel est son équivalent dans notre monde d'aujourd'hui ?

13 P. 63, l. 193-194 : expliquez pourquoi il n'y a plus ni crimes ni guerre sur la planète.

14 P. 67, l. 292-297 : la fin de l'histoire vous semble-t-elle être un progrès pour les êtres humains ? Expliquez.

Étude de la langue

15 P. 65, l. 233 : « imperfection ». Quel est le sens du préfixe dans ce mot ? P. 63-64, l. 186-218 : trouvez d'autres mots formés grâce à ce préfixe.

16 P. 31-32, l. 62-71 : réécrivez ce passage en remplaçant « Il » par son pluriel. Effectuez toutes les modifications nécessaires.

17 Indiquez quelle circonstance ou relation logique est exprimée dans les propositions listées ci-après.

Proposition	Circonstance, relation logique
« pour qu'on l'abatte » (p. 32, l. 78)	
« parce que le zinc valait cher » (p. 32, l. 79-80)	
« quand Édolfius entra » (p. 32, l. 82)	
« Si tu veux dire quelque chose » (p. 32, l. 86)	

Écrire

18 Vous écrivez une lettre au maire de votre ville pour lui proposer un aménagement qui améliorera les conditions de vie des habitants. Vous présentez cet équipement ainsi que les arguments qui en font un progrès.

19 En vous appuyant sur les données du texte d'Asimov, racontez la journée-type d'un être humain en 2430.

20 Faut-il avoir peur du progrès ? En vous appuyant sur les textes de Tesson et d'Asimov, vous présenterez une réponse organisée et argumentée.

Chercher

21 Préparez un exposé sur la dystopie (définition, origine du mot, auteurs et romans majeurs, etc.).

Oral

22 P. 58-60, l. 59-126 : lisez à plusieurs et à voix haute ce dialogue entre Cranwitz, Alvarez et Bunting.

À SAVOIR

LA SCIENCE-FICTION

Jules Verne (*De la Terre à la Lune, Voyage au centre de la Terre*) et **H.G. Wells** (*La Machine à explorer le temps, La Guerre des mondes*) sont considérés comme les **pères fondateurs** de la science-fiction.

Avant eux, on trouve pourtant des auteurs qui mêlent l'**anticipation**, l'**utopie** et les **découvertes spatiales** : Cyrano de Bergerac (*Histoire comique des États et Empires de la Lune*), Thomas More (*Utopia*), Jonathan Swift (*Les Voyages de Gulliver*), Voltaire (*Micromégas*), etc.

Au début du XXe siècle, alors que quelques auteurs poursuivent dans la voie du roman scientifique, un écrivain anglais, **Hugo Gernsback**, invente la **science-fiction moderne** (*Ralph 124C41+*). De nouveaux noms font alors leur apparition : Isaac Asimov, Ray Bradbury, Richard Matheson, Fredric Brown, Philip K. Dick, Bernard Werber… Exploration spatiale, robots, extraterrestres, sort de la planète sont parmi les thèmes les plus exploités d'un genre popularisé par le **cinéma**, la **bande dessinée** et les **jeux vidéo**.

Lire

Benoît Broyart, « Bas les masques »

1 Dans l'ensemble de la nouvelle, quelle différence faites-vous entre les paragraphes qui commencent par des guillemets et les autres ?

2 Peut-on situer chronologiquement l'histoire racontée dans ce texte ?

3 Quelles sont les conditions de vie des gens à cette époque ?

4 P. 50-51, l. 23-25 : quelles causes ont provoqué cette situation ?

5 Quel est le problème du narrateur adolescent de la nouvelle ?

Isaac Asimov, « 2430 »

6 P. 56-57, l. 12-41 : relevez des indications sur la manière de vivre en 2430. Que montrent-elles de l'évolution du monde et des hommes ?

7 P. 59, l. 88 : « il savait *très bien* pourquoi cette année était différente ». De quoi Alvarez parle-t-il ?

8 P. 60, l. 115-118 : comment les hommes ont-ils agi sur la Terre ?

9 p. 62-63, l. 166-185 : quel est le raisonnement exposé par Bunting et Alvarez ?

Pierre Bordage, « Les duniers »

10 P. 68-69, l. 8-29 : quel monde futur est décrit dans ce passage ?

11 Qui sont les « volters » ? Que signifie leur nom ?

12 P. 71, l. 72-87 : quelles sont les raisons des volters de migrer ? De quelle façon sont-ils accueillis ?

13 P. 72 et 74 : quelles informations sur le monde apparaissent ?

Philip K. Dick, « Planète pour hôtes de passage »

14 Relevez, au fil de votre lecture, à quoi ressemble le monde dans lequel évolue Trent.

15 P. 80, l. 28 : « Deux bouffées d'air : il n'osait pas plus. » Pourquoi ?

16 P. 81-85, l. 53-165 : qui sont Jackson et Earl Potter ? Relevez les mots et expressions qui les décrivent.

17 Dressez la liste des nouvelles espèces qui peuplent la Terre.

18 P. 99-100, l. 534-563 : quelles informations Norris apporte-t-il à Trent sur le sort des humains ?

Étude de la langue

19 P. 70, l. 70 : « Hordes n'est pas le bon mot. » Cherchez la définition de ce mot, puis expliquez pourquoi les duniers l'emploient plutôt que celui de « groupes ».

20 P. 98-99 : expliquez la terminaison de ces participes passés : « autotractés » (l. 510), « protégés » (l. 512), « arrivé » (l. 526), « envoyé » (l. 527), « bricolé » (l. 531), « repérée » (l. 532) et « embarqués » (l. 544).

21 P. 79, l. 1-15 : reliez les mots ou groupes de mots à leur fonction :

« En cette fin d'après-midi » (l. 1) •	• CC de lieu
« une lumière » (l. 2) •	• CC de temps
« sur son visage » (l. 4) •	• CC de manière
« goutte à goutte » (l. 4) •	• sujet
« d'urgence » (l. 6) •	• COD
« rassurantes » (l. 12) •	• complément du nom
« L'air frais » (l. 13) •	• attribut du COD

Chercher

22 Présentez un film traitant d'un futur apocalyptique (titre, réalisateur, année, principaux acteurs, résumé et impressions) en montrant qu'il sert d'avertissement pour notre époque.

Écrire

23 P. 94, l. 408-410 : Trent tombe dans un trou et fait la connaissance des « vers », évoqués p. 84, l. 153-154. Votre récit comprendra une description et un dialogue aux discours direct et indirect.

24 Quel texte, selon vous, constitue le meilleur avertissement pour les humains ? Pourquoi ?

Oral

25 Choisissez l'une des sept nouvelles de ce recueil pour la présenter à la classe (informations sur l'auteur, résumé, choix et lecture d'un extrait commenté, impressions de lecture). Expliquez les raisons de votre choix.

À SAVOIR

LA DYSTOPIE

Le mot « dystopie » (du grec *dys*, « mauvais, néfaste », et *topos*, « le lieu ») désigne une **contre-utopie**, c'est-à-dire une **société idéale à l'envers**.

En tant qu'**anticipation sociale et politique**, s'appuyant sur des aspects scientifiques et technologiques (l'éclateur de « Planète pour hôtes de passage », les réflecteurs de « 2430 »), la dystopie constitue un **sous-genre de la science-fiction**. Elle se situe souvent dans un monde futuriste et développe le thème des **sociétés totalitaires** (*1984* de G. Orwell, *Fahrenheit 451* de R. Bradbury) ou de la **destruction de la planète** (*Soleil vert* de H. Harrison, *Divergent* de V. Roth).

ÉTAPE 5 ENTRE ESPOIR ET FATALISME : AVERTIR AUJOURD'HUI

PAGES 10 À 28 ET PAGES 50 À 102

Lire

Alphonse Daudet, « Wood'stown »

1 Quel est le message inquiétant de cette nouvelle ?

Jean Giono, « L'homme qui plantait des arbres »

2 P. 18-19, l. 65-79 : qu'est-ce qui rend mauvais les habitants des contrées désertiques ? Trouvez dans la suite du texte un passage où l'on décrit ces habitants farouches.

3 P. 27, l. 290-298 : dites ce qui a changé à Vergons. Pourquoi ?

4 Pourquoi peut-on dire que la nouvelle de Jean Giono est optimiste ?

Benoît Broyart, « Bas les masques »

5 P. 52, l. 57-72 : quelles actions ont été menées pour faire changer les choses ? Relevez dans la suite du texte une indication sur l'aboutissement ou l'échec de ces actions.

6 La vie des adolescents du texte est-elle enviable ?

7 P. 54-55, l. 107-132 : expliquez le geste de Michel Leroy.

Isaac Asimov, « 2430 »

8 P. 61-62, l. 146-165 : qu'est-ce que ces lignes nous apportent comme informations sur le monde au XXe siècle, qui est notre monde d'aujourd'hui aussi ?

9 P. 63, l. 186-198 : comment vivent les quinze trillions d'êtres humains sur la planète ?

10 Quel est le message de cette nouvelle ? En quoi le fait de montrer le monde du futur peut-il être un avertissement pour aujourd'hui ?

Pierre Bordage, « Les duniers »

11 P. 71, l. 77-87 : de quelle manière ce passage aide-t-il à comprendre les enjeux climatiques et humanitaires pour aujourd'hui et pour demain ?

12 Cette nouvelle donne-t-elle à espérer ou à désespérer ?

Philip K. Dick, « Planète pour hôtes de passage »

13 Quelle est la quête de Trent dans cette histoire ? Relevez les indices qui montrent qu'elle est vaine.

14 P. 85-86, l. 173-194 : qu'est-il arrivé à la Terre ?

15 De quelle manière les différents êtres vivants sur la planète se sont-ils adaptés ?

16 Montrez, au fil du texte, que la Terre se porte bien.

17 P. 88, l. 240-249 : cochez la bonne réponse puis justifiez. La vision de Trent sur le sort de l'humanité est :

☐ optimiste ☐ pessimiste

18 P. 100-102, l. 563-619 : quel est le message de cette nouvelle ?

Étude de la langue

19 P. 53, l. 84-86 : quelle relation logique est exprimée par « Si » ? Identifiez le temps et le mode des verbes « serions », « aurait fallu » et « auraient dû ». Expliquez leur importance pour comprendre le passage.

20 P. 71, l. 80 et 85 : quelle relation logique est exprimée par la conjonction de coordination « mais » ? Comment ce mot permet-il de rétablir deux vérités exprimées dans le texte (l. 79-81 et 84-86) ?

Écrire

21 P. 25, l. 254 : « Il a trouvé un fameux moyen d'être heureux ! » En quoi consiste le bonheur d'Elzéard Bouffier ? Trouvez deux idées à développer pour justifier cette opinion.

22 Pourquoi « Bas les masques » de Benoît Broyart est-il un texte auquel le lecteur peut facilement s'identifier ? Donnez plusieurs raisons.

Chercher

23 Recherchez le communiqué de presse du GIEC publié le 9 août 2021. Lisez les pages 1 à 3 et relevez les informations importantes.

Oral

24 **Exposé** : présentez à votre classe un personnage qui, comme Elzéard Bouffier, a œuvré pour la planète.

À SAVOIR

ÉCRIRE UNE ARGUMENTATION

Répondre à une question de synthèse, donner son avis, débattre d'un sujet par écrit nécessitent de maîtriser la rédaction d'un texte argumentatif, qui consiste à **présenter des arguments** (des preuves, des raisons) **dans le but de défendre une opinion** (la thèse). Les arguments sont accompagnés d'**exemples** permettant de les rendre plus concrètement compréhensibles (une citation du texte, par exemple).

Le raisonnement a besoin d'une **organisation logique**, structurée en **paragraphes** : il est donc nécessaire de maîtriser les enchaînements logiques au sein des phrases (les **connecteurs** de cause, de conséquence, d'opposition, etc.) et les enchaînements de paragraphes (*d'abord, ensuite, enfin*).

Quand on fait débattre des personnages dans un **dialogue argumentatif**, la forme est plus souple, les arguments (et les exemples) s'adaptant à la construction même de la prise de parole des personnages, comme c'est le cas dans les nouvelles d'Asimov (l. 90-125) et de Philip K. Dick (l. 552-578).

GROUPEMENT : TEXTES ET IMAGE

LA TERRE SE VENGE

Les écrivains préoccupés par les questions environnementales cherchent souvent à faire prendre conscience à leurs lecteurs des conséquences pour la planète des comportements de l'homme : surconsommation, production de gaz à effet de serre, pollution, non-respect du vivant… Dans ces textes, qui appartiennent au fantastique (Gaudé), à la science-fiction (Fontana, Andrevon), à l'utopie (Calvino), à l'article de journal et à la publicité, les auteurs mettent en garde les humains : la Terre, à force d'être meurtrie par eux, pourrait bien chercher à se venger…

Laurent Gaudé (né en 1972)

« Je finirai à terre », *Les Oliviers du Négus* © Actes Sud, 2011.

Au cœur des combats de la Première Guerre mondiale, un soldat, Gaston Blache, rend visite à un vieil homme qui lui raconte comment la terre, lassée d'être pilonnée d'obus, se venge des hommes… Même le vieux Fosquin est mort face au golem[1] que la terre a créé pour les anéantir.

[…] La terre est debout. Elle gémit, elle crache. Elle veut écraser les hommes du poing comme on le fait des insectes, tous ces hommes qui lui courent sur le dos et la blessent de mille petites explosions. Elle va rôder, et partout où elle ira, elle engloutira ceux qu'elle croisera. Le monde va plonger dans la tourmente car la terre nous vomit. Nous l'avons offensée et son fils de glaise court dans les champs, le pas lourd, impatient de nous tuer.

Je pressens ce que sera le monde de demain. Nous lui serons odieux. La terre, déjà, s'est révoltée, ce sera bientôt le tour des forêts, des flaques d'eau, du ciel. De partout naîtront des monstres claudicants à la bouche tordue

1. Êtres artificiels de forme humaine, issus de la mythologie juive, conçus pour aider leur créateur.

qui se rueront sur nous avec haine. Les arbres se tordront et gémiront. Ce sera l'heure de la vengeance. Tout sera puant et vicié : l'air que nous respirerons, l'eau que nous boirons. Nous sommes devenus odieux au monde et tout va bientôt se rebeller. Les golems sont nombreux. Ils démembreront nos pauvres soldats terrorisés. Ils écraseront les fermes et tueront le bétail. La désolation est sur nous, car qui, parmi nous, sait le moyen de les terrasser ? L'homme a offensé les éléments et ne sait plus comment les apaiser. Le vieux Fosquin connaissait encore les gestes et les paroles capables de renvoyer les monstres au néant. Je ne sais rien, moi. Il ne nous reste que la peur. Je reste à terre. Je sens qu'il n'y a rien que je puisse faire. Le monde bruit et frémit. Je ne sais pas l'arrêter. Il enfle et se gonfle. Les nuages roulent. Les pierres craquent. Le vent se lève. Je reste à terre. Le monde est impatient de nous effacer. Je me tais. Je sais que, désormais, la peur ne me quittera plus. Jusqu'au bout de ma vie. La peur. Et rien d'autre. [...]

QUESTIONS

1. Par quelle périphrase est désigné le golem dans le premier paragraphe ?

2. Pourquoi et comment la terre cherche-t-elle à se venger ?

Jean-Pierre Fontana (né en 1939)

« Le jour où la pluie » © Armada Éditions, 2015.

Ce texte, écrit en 2012 à l'occasion du sommet de Rio+20, met en scène, dans un avenir proche marqué par le réchauffement climatique et les gaz à effet de serre, Anne, contrôleuse dans un centre de traitement des déchets d'une ville où sévit la sécheresse.

[...] Une fois sa blouse endossée, Anne salua ses collègues prêts à s'éclipser et s'installa à son poste. Par la fenêtre, elle pouvait apercevoir le ballet des camions de ramassage. Et, cachant une partie de l'horizon… la montagne des déchets de l'ancienne décharge qui atteignait encore une hauteur considérable. Le pôle multifilières ne parvenait toujours pas à résorber les tonnes de détritus entreposés ici autrefois en raison de l'augmentation, quasi constante depuis quelques années, du nombre d'emballages de toutes sortes, liée aux règles d'hygiène de plus en plus strictes et à l'explosion des ventes par correspondance au détriment des grandes surfaces et de certains commerces de proximité. C'était bien l'un des seuls points noirs que les différentes conventions n'étaient pas parvenues à résoudre. Néanmoins, le monticule baissait peu à peu, mois après mois, ainsi qu'en témoignait la marque qu'elle déplaçait régulièrement, simple bande de scotch collée sur la vitre et qui lui servait de repère oculaire de la lente disparition de ce triste témoin d'une époque enfin révolue. Selon ses calculs, d'ici à deux ans, le site serait définitivement propre.

Elle s'apprêtait à se pencher sur le clavier de l'ordinateur lorsqu'elle prit conscience que le ciel s'était soudainement assombri.

Et la première goutte de pluie s'écrasa sur la vitre.

Puis une seconde.

Anne s'apprêtait à ouvrir la fenêtre pour offrir son visage à la miraculeuse ondée lorsqu'un craquement épouvantable et le violent éclair qui zébra le ciel la firent se reculer et porter ses mains contre sa poitrine tant son cœur venait subitement de s'accélérer.

Au même instant, le bâtiment se mit à trembler, à s'ébrouer tel un chien au sortir d'une mare. Les éclairs se succédaient en rafale, accompagnant ou précédant des coups de tonnerre qui se percutaient pour engendrer une clameur comme surgie des enfers.

Une secousse plus forte que les précédentes la projeta sur le sol. Anne rampa jusqu'à son bureau sous lequel, par un réflexe irréfléchi, elle se blottit. Elle voyait déjà sa vie s'achever dans le cataclysme. Dehors, la pluie s'abattait à présent avec une violence inouïe, s'infiltrait sous les portes et comblait en un clin d'œil les moindres dépressions. Les machines s'étaient tues. Toutes les lumières s'étaient éteintes. Un coup de vent d'une violence inouïe fit exploser les vitres dont quelques éclats vinrent mourir à quelques centimètres de ses mains posées à plat sur le sol carrelé.

Elle se redressa vivement et sa tête cogna le support coulissant du clavier de l'ordinateur. Le bas de sa jupe était trempé et l'eau, qui s'engouffrait de toutes parts, montait à une allure vertigineuse. Une fois extraite de son abri insensé, Anne regarda tout autour d'elle en quête d'un perchoir afin d'échapper à l'inexorable ascension du flot. En vain. Seuls les bureaux qui, peu à peu, quittaient leur bel alignement sous la poussée des eaux, offraient encore le moyen d'échapper à la baignade. Elle n'hésita pas un instant et se hissa sur le plateau, bousculant du même coup l'écran de l'ordinateur qui chuta et disparut en provoquant une brève éclaboussure.

Mais il était dit que l'eau ne serait qu'un moindre mal. Sous l'effet de la pluie diluvienne, la montagne des détritus toute proche s'effritait, se liquéfiait, et ses composants se répandaient partout, pénétraient dans le bâtiment, atteignaient le petit promontoire sur lequel tentait de se maintenir la jeune femme.

Ce n'est que le surlendemain, lorsque pompiers et ouvriers parvinrent à dégager l'entrée du bâtiment et à déblayer la salle de contrôle que l'on découvrit le corps sans vie de la malheureuse, recouvert d'un monticule de papiers détrempés qui, comble d'ironie, n'étaient autre que des exemplaires de la Charte Bombay Action climat du 12 septembre 2028 signée par près de 200 pays afin de limiter à moins de 4 degrés le réchauffement inéluctable de la planète.

Mais ce n'était que le simple épisode d'un avenir qui s'avérait de plus en plus incertain.

QUESTIONS

1. Que sait-on du monde dans lequel vit Anne, l'héroïne ? Quelle catastrophe se produit ?

2. Expliquez l'« ironie » finale.

Jean-Pierre Andrevon (né en 1937)

« … il revient au galop », *Aujourd'hui, demain et après*

*Dans ce texte, Jean-Pierre Andrevon (*Sukran, Le Monde enfin*) relate les débuts d'une catastrophe à venir dans laquelle la mousse envahit la Terre, comme un « cancer vert ». Les premières gouttes de la Grande Pluie d'été en sont le signal : si Élise parvient à le comprendre, ce n'est pas le cas de Jean-Pierre…*

[…] Les vacances d'Élise avaient été sacrifiées du même coup, car elle n'avait pas voulu partir seule à la Grande-Motte, où nous avions un appartement dans une de ces curieuses pyramides qui couvraient maintenant tout le littoral entre Palavas et Le Grau-du-Roi. Elle me disait :

– Mais non Jean-Pierre, je suis bien, ici, je t'assure. Quand tu travailles je vais me promener sous la pluie, je regarde pousser l'herbe neuve et lavée...

L'herbe neuve et lavée ?

Élise secouait sa tête ruisselante et remontait du doigt une mèche collée à sa tempe. Ses yeux brun clair souriaient au fond de leur orbite profonde. Elle répétait :

– Mais oui, Jean-Pierre, cette pluie c'est le renouveau du monde. Toute la crasse, toutes les vapeurs d'essence, toute la poussière, toute la radioactivité, les OGM en vadrouille, tout ça s'en va… Tout est lavé, déblayé. Et entre les blocs de béton, dans les interstices de la pierre, une herbe nouvelle pousse...

Je lui disais, en faisant sonner les majuscules : En somme c'est la Vengeance de la Nature. Le Châtiment...

Elle me répondait :

– C'est le châtiment des hommes, oui. Et l'annonce d'un nouvel équilibre où nous ne serons pas.

J'essayais de lui expliquer que la pluie était provoquée par l'échauffement de l'atmosphère consécutif à l'excès de gaz à effet de serre ; mais que, contrairement à ce qu'elle pensait, la température finirait par baisser et qu'un nouvel équilibre se créerait – c'était en tout cas la nouvelle théorie en vogue. Mais elle ne m'écoutait pas. Elle retournait sur le balcon, elle levait la tête vers la coupe évasée du ciel gris qui pesait, léger comme une plume des millions de fois ramifiée sur les toits bétonnés de la ville. Je soupirais, je revenais à mes journaux, à mon whisky. Les journaux ne parlaient que de la pluie, c'était une aubaine pour les colonnes d'été, et les rédacteurs s'efforçaient de doser subtilement le ton de leurs articles pour naviguer entre l'optimisme débonnaire et des prédictions cataclysmiques pas nouvelles, afin d'entretenir une complicité factice avec les lecteurs, tout en ménageant une part commercialisable de suspense. Le ban et l'arrière-ban des scientifiques et vulgarisateurs étaient mobilisés à longueur de pages ou d'émission, et cela n'avait rien de nouveau.

Moi, qui n'avais jamais eu véritablement la fibre, volontaire cécité de la lâcheté peut-être, je travaillais le nez dans mes molécules de polyester. Le cap du premier septembre passa, sans apporter de changement notable. Des catastrophes mineures se produisaient de temps à autre, grossissant par à-coups la chronique de la Pluie. Un barrage important avait craqué, emportant quelques villages, d'autres partaient avec des pans de montagne qui glissaient, transformés en fleuve de boue. Il y avait quelques dizaines de morts ici, quelques centaines ailleurs. Rien de bien important, en tout cas, en regard de ce qui se passait en d'autres lieux plus exposés du monde. Élise regardait parfois, par-dessus mon épaule, les photos de *Paris-Match*, et lisait les gros titres du *Monde*. Je me retournais vers elle, je chassais d'un mouvement de la main la fumée de ma cigarette – eh oui, à chacun ses menus défauts – qui montait en brume bleutée vers son visage, et je lui demandais si elle voyait toujours une volonté de vengeance divine dans ces petites perturbations géologiques et climatiques. Elle secouait la tête, me répondait avec un agacement mesuré :

– Ne te moque pas de moi… Tu sais très bien qu'il ne s'agit pas de vengeance divine. C'est la nature, seulement la nature. Et même pas d'une vengeance délibérée, la nature n'a ni morale ni conscience… Tout simplement d'un renouveau. L'herbe trop longtemps rejetée par le béton va à nouveau pouvoir se répandre en liberté, partout ; les arbres défoliés, arasés, vont à nouveau prospérer. Chaque arbre deviendra une forêt, et dans chaque forêt des milliers d'animaux vivront en liberté.

Je rétorquais :

– Mais l'homme, dans tout ça ?

Elle me répondait :

– L'homme a commis trop de dégâts. Il ne mérite pas d'avoir une place dans le monde nouveau. [...]

QUESTIONS

1. Relevez, dans la deuxième réplique d'Élise, les bienfaits de la Pluie d'été.

2. De quelle manière la terre obtiendra-t-elle sa revanche sur l'homme ?

Italo Calvino (1923-1985)

Les Villes invisibles [1972], traduction de Jean Thibaudeau

À travers la description utopique de cinquante villes aux noms de femmes, Italo Calvino dresse une vision du monde parfois prémonitoire, et propose une réflexion philosophique sur l'occupation de l'espace urbain par l'homme.

La ville de Léonie se refait elle-même tous les jours : chaque matin la population se réveille dans des draps frais, elle se lave avec des savonnettes tout juste sorties de leur emballage, elle passe des peignoirs flambants neufs, elle prend dans le réfrigérateur le plus perfectionné des boîtes de conserve inentamées, écoutant les dernières rengaines avec un poste dernier modèle.

Sur les trottoirs, enfermés dans des sacs de plastique bien propres, les restes de la Léonie de la veille attendent le camion poubelle. Non seulement les tubes de dentifrice aplatis, les ampoules mortes, les journaux, les récipients, les matériaux d'emballage, mais aussi les chauffe-eau, les encyclopédies, les pianos, les services de porcelaine : plutôt qu'aux choses qui chaque jour sont fabriquées, mises en vente et achetées, l'opulence de Léonie se mesure à celles qui chaque jour sont mises au rebut pour faire place à de nouvelles. Au point qu'on se demande si la véritable passion de Léonie est vraiment, comme ils disent, le plaisir des choses neuves et différentes, ou si ce n'est pas plutôt l'expulsion, l'éloignement, la séparation d'avec une impureté récurrente. Il est certain que les éboueurs sont reçus comme des anges, et leur mission qui consiste à enlever les restes de l'existence de la veille est entourée de respect silencieux, comme un rite qui inspire la dévotion, ou peut-être simplement que personne ne veut plus penser à rien de ce qui a été mis au rebut.

Où les éboueurs portent chaque jour leurs chargements, personne ne se le demande : hors de la ville, c'est sûr ; mais chaque année la ville grandit, et les immondices doivent reculer encore ; l'importance de la production augmente et les tas s'en élèvent, se stratifient, se déploient sur un périmètre plus vaste. Ajoute à cela que plus l'industrie de Léonie excelle à fabriquer de nouveaux matériaux, plus les ordures améliorent leur substance, résistent au temps, aux intempéries, aux fermentations et aux combustions. C'est une forteresse de résidus indestructibles qui entoure Léonie, la domine de tous côtés, tel un théâtre de montagne.

Voici maintenant le résultat : plus Léonie expulse de marchandises, plus elle en accumule ; les écailles de son passé se soudent ensemble et font une cuirasse qu'on ne peut plus enlever ; en se renouvelant chaque jour, la ville se conserve toute dans cette seule forme définitive : celle des ordures de la veille, qui s'entassent sur les ordures des jours d'avant et de tous les jours, années, lustres de son passé.

Le déjet de Léonie envahirait peu à peu le monde, si sur la décharge sans fin ne pressait, au-delà de sa dernière crête, celle des autres villes, qui elles aussi rejettent loin d'elles-mêmes des montagnes de déchets. Peut-être le monde entier, au-delà des frontières de Léonie, est-il couvert de cratères d'ordures, chacun avec au centre une métropole en éruption ininterrompue. Les frontières entre villes étrangères ou ennemies sont ainsi des bastions infects et les détritus de l'une et de l'autre se soutiennent réciproquement, se menacent et se mélangent.

Plus l'altitude grandit, plus pèse le danger d'éboulement : il suffit qu'une boîte de conserve, un vieux pneu, une fiasque dépaillée roule du côté de Léonie, et une avalanche de chaussures dépareillées, de calendriers d'années passées, de fleurs desséchées submergera la ville sous son propre passé qu'elle tentait en vain de repousser, mêlé à celui des villes limitrophes, enfin nettoyées : un cataclysme nivellera la sordide chaîne de montagnes, effacera toute trace de la métropole sans cesse habillée de neuf.

Déjà des villes sont prêtes dans le voisinage avec leurs rouleaux compresseurs pour aplanir le sol, s'étendre sur le nouveau territoire, s'agrandir elles-mêmes, rejeter plus loin de nouvelles ordures.

QUESTIONS

1. Quel aspect de la société ce texte dénonce-t-il à travers la description de la ville de Léonie ?

2. Montrez la vision pessimiste de Calvino dans ce texte.

Oro Verde (association née en 1989)

Affiche publicitaire © Oro Verde/DR.

Créée en 1989 à Bonn, en Allemagne, l'organisation environnementale Oro Verde travaille à la préservation des forêts tropicales.

* Chaque année nous produisons 3,3 milliards de tonnes de CO_2. C'est pourquoi, plus que jamais, nous avons besoin de la forêt tropicale.

QUESTIONS

1. Décrivez cette image publicitaire.

2. Quelle menace pèse sur la Terre, selon cette publicité ?

La Terre se venge

Anonyme

« Pour la protection de la nature », *Le Temps*,
19 novembre 1913.

Dans cet article d'avant-guerre, le journaliste relate une conférence internationale au cours de laquelle l'exploitation industrielle des ressources de la Terre a été dénoncée. On redoute alors un appauvrissement de la nature…

La conférence pour la protection mondiale de la nature s'est réunie hier au palais fédéral de Berne. M. Forrer, conseiller fédéral, a prononcé le discours d'ouverture. Cette conférence a pour but de constituer une commission internationale permanente, dont le rôle serait de veiller à la conservation de tout ce qu'il y a de beau et d'utile sur la Terre.

La destruction des animaux, des plantes, des sites pittoresques marche actuellement si grand train que la Terre risque d'être rapidement transformée en une vaste étable, coupée de potagers. La chasse aux animaux sauvages est de même sans merci ; la magnifique faune de l'Afrique, dernier reste de la faune tertiaire, est fortement entamée : antilopes, girafes, éléphants, hippopotames, rhinocéros, chimpanzés, gorilles, etc., ne seront bientôt plus qu'un souvenir ; les Norvégiens font une consommation stupéfiante de baleines, qu'il vont chasser sur toutes les mers ; que dire des oiseaux de paradis qui n'habitent que la Nouvelle-Guinée, grande comme l'Angleterre, et qui doit suffire à la demande incessante de nos cruelles élégantes ? Que dire de l'aigrette[1] et de la crosse[2] ? On chasse même pour les amateurs certains papillons et jusqu'à des lézards.

1. Héron blanc aux plumes convoitées pour orner les chapeaux.
2. Probable variété d'oiseau aujourd'hui disparu.

Il s'agit de mettre un terme à la dilapidation de cette fortune mondiale, d'éviter la mort de la poule aux œufs d'or, l'*ormi chrysotokos*[1] du vieil Ésope, comme l'a dit le président Forrer. L'idée est généreuse. Sa réalisation est plus difficile ; nous souhaitons bon succès aux travaux de la commission.

QUESTIONS

1. Quel serait l'objectif de la commission internationale permanente ?

2. Quels risques courent les êtres humains ?

3. Expliquez la référence à Ésope et à la poule aux œufs d'or.

1. La poule aux œufs d'or, dans la fable du fabuliste grec Ésope.

INFORMATION/DOCUMENTATION

BIBLIOGRAPHIE

Littérature « verte »

• Romans

– Michael Christie, *Lorsque le dernier arbre*, Albin Michel, 2021.
– Nadège Langbour, *L'Arche des Inukshuk*, L'Harmattan, 2021.
– Vincent Villeminot, *Nous sommes l'étincelle*, Pocket jeunesse, 2019.
– Richard Powers, *L'Arbre-monde*, Le Cherche-Midi, 2018.
– Claude Mézières, *Valérian – La Cité des eaux mouvantes*, Dargaud, 2017.
– Harry Harrison, *Soleil vert*, J'ai lu, 2016.
– Christophe Léon, *Le Goût de la tomate*, Thierry Magnier, 2011.
– Jim G. Ballard, *Le Monde englouti*, Folio, 2011.
– Jean-Christophe Rufin, *Le Parfum d'Adam*, Flammarion, 2007.
– Lino Aldani, *Quand les racines*, Denoël, 1978.
– Michel Grimaud, *La Ville sans soleil*, Robert Laffont, 1973.
– Robert Merle, *Malevil*, Gallimard, 1972.
– Jacques Sternberg, *La sortie est au fond de l'espace*, Denoël, 1956.

• Nouvelles

– Sylvain Tesson, « Les porcs », *Une vie à coucher dehors*, Gallimard, 2009.
– Christophe Léon, « Ella », *Nouvelles re-vertes*, Thierry Magnier, 2005.
– Mickaël Ollivier, « La maison verte », *Nouvelles re-vertes*, Thierry Magnier, 2008.
– Christophe Lambert, « Homo jardinus », *10 façons d'assassiner notre planète*, Flammarion jeunesse, 2007.
– Danielle Martinigol, « Le petit lapin tondu », *10 façons d'assassiner notre planète*, Flammarion jeunesse, 2007.
– Pierre Bordage, « Celsium 137 », *Nouvelles vertes*, Thierry Magnier, 2005.
– Christian Grenier, « Je suis la vigie et je crie », *Nouvelles vertes*, Thierry Magnier, 2005.
– Jean-Paul Nozière, « Délivrance », *Nouvelles vertes*, Thierry Magnier, 2005.
– Florence Thinard, « Noir destin pour plastique blanc », *Nouvelles vertes*, Thierry Magnier, 2005.
– Sylvain Tesson, « Un singe en enfer », *Nouvelles de l'Est*, Phébus, 2002.
– Jean-Pierre Andrevon, « La dernière pluie », *La Dernière Pluie*, Nathan, 1994.
– Isaac Asimov, « Le meilleur atout », *Cher Jupiter*, Denoël, 1977.

Documentaires

- Claire Asher, Chris Forman, *La Terre n'a pas dit son dernier mot*, Belin, 2021.
- Hugo Clément, *Journal de guerre écologique*, Le Livre de Poche, 2021.
- Frédéric Denhez, *Rencontres avec des écolos remarquables*, Delachaux, 2021.
- Bernard Fishesser, Marie-France Dupuis-Tate, *Le Guide illustré de l'écologie*, Delachaux, 2021.
- Yann Arthus-Bertrand, *Demain la Terre*, Géo, 2020.
- Hubert Reeves, *L'Avenir de la vie sur Terre*, Bayard culture, 2012.

FILMOGRAPHIE

- Cyril Dion, Mélanie Laurent, *Après demain*, 2018.
- Cyril Dion, Mélanie Laurent, *Demain*, 2015.
- Yann Arthus-Bertrand, *Home*, 2009.
- Roland Emmerich, *2012*, 2009.
- Nicolas Hulot, *Le Syndrome du Titanic*, 2009.
- Roland Emmerich, *Le Jour d'après*, 2004.

INTERNET

- Association France Nature Environnement : www.fne.asso.fr
- Jeunes reporters pour l'environnement : www.jeunesreporters.org
- Reporterre, le quotidien de l'écologie : www.reporterre.net

LE 1er CLASSIQUE PÉDAGOGIQUE ÉCORESPONSABLE

Le papier intérieur de cet ouvrage est du **papier recyclé**, issu de forêts gérées durablement.
La couverture est impriméesurunpapier **fabriqué avec des déchets recyclés post-consommation** (ici, produits de raisins). Elle n'est pas recouverte d'un film plastique.

Les **imprimeurs** de cet ouvrage agissent pour le **respect de l'environnement.**

L'**encre** utilisée est fabriquée à partir d'**huiles minérales bio-sourcées.**

Cet ouvrage est **imprimé** en France pour **limiter les transports et réduire ainsi son empreinte carbone.**

Couverture
Conception graphique : Marie-Astrid Bailly-Maître et Yannick Le Bourg
Illustration de couverture : Nicolas Francescon

Intérieur
Conception graphique : Marie-Astrid Bailly-Maître, Muriel Ouziane et Yannick Le Bourg
Créditsphotographiesauteursp.5-6: Jean Giono © Bridgeman Images ; Sylvain Tesson © MANTOVANI © Gallimard/Opale.photo ; Benoît Broyart © Myriam Jegat ; Pierre Bordage © Philippe MATSAS/Opale.photo
Édition : Charlotte Cordonnier
Réalisation : Nord Compo, Villeneuve-d'Ascq

www.magnard.fr
www.classiquesetcontemporains.com

Achevé d'imprimer en octobre 2022 en France par Aubin
Dépôt légal : avril 2022 - N° éditeur : MAGSI20220688